T0321322

EL ARTE DE SER PADRES

Amat
editorial

Amat Editorial, sello editorial especializado en la publicación de temas que ayudan a que tu vida sea cada día mejor. Con más de 400 títulos en catálogo, ofrece respuestas y soluciones en las temáticas:

- Educación y familia.
- Alimentación y nutrición.
- Salud y bienestar.
- Desarrollo y superación personal.
- Amor y pareja.
- Deporte, fitness y tiempo libre.
- Mente, cuerpo y espíritu.

E-books:
Todos los títulos disponibles en formato digital están en todas las plataformas del mundo de distribución de e-books.

Manténgase informado:
Únase al grupo de personas interesadas en recibir, de forma totalmente gratuita, información periódica, newsletters de nuestras publicaciones y novedades a través del QR:

Dónde seguirnos:

 | @amateditorial

   | Amat Editorial

Nuestro servicio de atención al cliente:
Teléfono: **+34 934 109 793**

E-mail: **info@profiteditorial.com**

Mireia Navarro

EL ARTE DE SER PADRES

La **GUÍA IMPRESCINDIBLE**
para educar con consciencia
a **niños de 0 a 9 años**

Amat
editorial

© Mireia Navarro Vera, 2024
© Profit Editorial I., S.L., 2024
  Amat Editorial es un sello de Profit Editorial I., S.L.
  Travessera de Gràcia, 18-20, 6º 2ª. 08021 Barcelona

Diseño de cubierta: XicArt
Maquetación: Fotocomposición gama, S.L.

ISBN: 978-84-19870-04-9
Depósito legal: B 1374-2024
Primera edición: Febrero de 2024

Impresión: Gráficas Rey
Impreso en España – *Printed in Spain*

No se permite la reproducción total o parcial de este libro, ni su incorporación a un sistema
informático, ni su transmisión en cualquier forma o por cualquier medio, sea electrónico,
mecánico, por fotocopia, por grabación u otros métodos, sin el permiso previo y por escrito del
editor. La infracción de los derechos mencionados puede ser constitutiva de delito contra la
propiedad intelectual (Art. 270 y siguientes del Código Penal).
Diríjase a CEDRO (Centro Español de Derechos Reprográficos) si necesita fotocopiar o escanear
algún fragmento de esta obra (www.cedro.org; teléfonos: 91 702 19 70 - 93 272 04 45).

❖ ÍNDICE ❖

A todos los padres que, alguna vez, soñaron con llenar su casa de buenos momentos.

❖ EL REGALO DE SER PADRES ❖

En el mismo instante en que nace un hijo, nace también un padre. Todavía recuerdo ese momento en el que tuve a mi bebé en brazos por primera vez, tan pequeño y tan grande, la alegría y el miedo, todo a partes iguales.

El amor me inundó y llenó mis ojos de lágrimas, sentí un escalofrío que me recorría el cuerpo y lo supe enseguida: yo quería hacerlo bien, quería ser una buena madre. Y justo ahí y sin saberlo, nació también este libro.

Como psicóloga sé que en la infancia se construyen los pilares del futuro, y que una casa con unos buenos cimientos es una casa indestructible. Y como madre sé que el amor es la mayor fuerza del universo, así que este fue mi reto:

«Tienes que ser la mejor madre que puedas ser,
edúcalos con consciencia y llena tu casa de amor
y buenos momentos».

Pero no siempre ha sido fácil. Ser madre es tal vez lo más difícil que he hecho en mi vida. De repente, te ves sobrecargada de trabajo y perdiendo los nervios con cualquier pequeño imprevisto.

Aprendí que cuidarse durante la maternidad también es muy importante, para así poder sostener ciertas situaciones con más calma. De modo que cuidar de ti también es cuidar de tus hijos e hijas. Y escribir este libro me sirvió de guía para sintetizar y estructurar todo lo que he ido aprendiendo. Ahora solo espero que mi experiencia sirva para que miles de padres eduquen con amor y consciencia.

En fin, que ser padres es un regalo para toda la vida, para mí el mejor de los regalos.

¡Así que a disfrutarlo!

❖ INTRODUCCIÓN ❖

La etapa que abarca los primeros 9 años de vida es una de las más importantes en las personas. Aunque la mayoría de lo que experimentas durante ese tiempo ni siquiera lo recuerdas de adulto, lo que vives se marca como una impronta y sentará las bases de tu personalidad y tu autoestima en el futuro.

En la primera etapa, la que incluye hasta los 3 años, hay un crecimiento exponencial en todos los sentidos. Aprendemos a andar, a hablar, a comer, a reconocer a nuestra familia y a nosotros mismos, a relacionarnos con los demás, a leer, a contar... Todo eso en tan solo 36 meses. Es probable que, en un periodo de tiempo tan corto, no aprendas nunca tantas cosas en tu vida. Luego, el aprendizaje es más paulatino, aunque no por eso menos importante.

Por lo tanto, en tu papel de padre o madre, no puedes pasar de puntillas por esta etapa. Vas a tener que estar muy atento para poder construir una buena base sobre la que tu hijo dibuje su futuro, por lo que debes saber qué te vas a encontrar y cómo tienes que actuar. Nadie puede construir una casa sólida sin unos buenos cimientos.

No se trata de ser unos padres perfectos, más bien de ser padres conscientes que se implican en la educación de su hijo. El objetivo tampoco es conseguir que nuestro hijo sea perfecto porque la perfección no existe. Intentarlo te generará ansiedad y te frustrará en muchas ocasiones. Hará que tus expectativas no se cumplan y eso provocará en ellos la sensación de que, haga lo que haga, nunca estará a la altura.

¿CÓMO EDUCAR BIEN A NUESTRO HIJO?

Antes de contestar a esta pregunta, lo que haré en detalle a lo largo de este libro, quiero compartir contigo dos definiciones del DSM V (*Manual diagnóstico y estadístico de los trastornos mentales*) que me hicieron reflexionar mucho. La primera de ellas, sobre la negligencia infantil, y la segunda, sobre el maltrato psicológico infantil.

No se trata de ser unos padres perfectos, más bien de ser padres conscientes que se implican en la educación de su hijo.

La negligencia infantil incluye el abandono, la falta de supervisión adecuada, la falta de atención a las necesidades emocionales o psicológicas y el hecho de no proporcionar la necesaria educación, asistencia médica, nutrición, residencia o ropa.

Por su parte, y según el manual aludido, el maltrato psicológico infantil consiste en actos no accidentales, verbales o simbólicos, realizados por un progenitor o cuidador de un niño que provoquen una probabilidad razonable de causarle un daño psicológico. Entre los ejemplos cabe citar amonestar, menospreciar, humillar, amenazar, quitarle o hacerle abandonar a personas o cosas que el niño quiere (o amenazarlo con ello), recluirlo, convertirlo en chivo expiatorio, obligarlo a autolesionarse o aplicarle una disciplina excesiva mediante medios físicos o no físicos.

¿Cuántos de nosotros no hemos sufrido amenazas, pequeñas humillaciones o castigos severos? ¿Cuántos hemos recurrido a lo mismo con nuestro hijo? ¿Tus padres atendían tus necesidades emocionales? ¿Acaso sabes con seguridad qué necesidades emocionales tienes?

Estas reflexiones, lejos de buscar la crítica al modelo educativo de nuestros padres, buscan invitar a la reflexión. De hecho, creo sinceramente que el ser humano debe mejorar generación tras generación.

Según lo indicado, cubrir las necesidades emocionales de tu hijo es tan importante como la nutrición, la asistencia médica o darle un techo. No podría estar más de acuerdo.

Las líneas anteriores me hacen pensar en muchos de los castigos que se usan a diario. En este sentido, me pregunto: ¿dónde está la línea que diferencia el castigo del maltrato? ¿Podemos educar sin castigar o usando el castigo de una manera correcta?

Nadie te enseña a ser padre, nadie te dice qué te vas a encontrar en cada etapa del desarrollo de tu hijo y qué debes hacer. Como mucho, como madre te preparan para el parto, pero ¿qué pasa después?

No estaría mal que para ser progenitor nos obligaran a hacer un curso preparatorio con algún examen, como el necesario para conseguir el carné de conducir.

Si el niño llora:

a) Hay que tratar de ignorarlo para que no se acostumbre.
b) Significa que tiene hambre o sueño.
c) Hay que atenderlo y tomarlo en brazos.
d) Ninguna de las anteriores es correcta.

Bromas aparte, lo cierto es que yo siempre he echado de menos un poco de asesoramiento en la educación de mis hijos. Eso me llevó a leer numerosos libros y a aplicar los conocimientos de la profesión que ejerzo a mi vida diaria.

De este interés surgieron las primeras charlas a padres sobre los aspectos más importantes de la educación de los hijos. Más tarde tuve la idea de crear la Escuela de Padres y publiqué varios artículos en distintos medios de comunicación. Y, por último, está este libro, que lo sintetiza todo, tanto mi experiencia personal como profesional, todo ello unido a mi formación. Precisamente algo como lo que estás leyendo es lo que me habría gustado encontrar cuando empecé a indagar buscando respuestas.

Por eso lo escribo, para que tú sí que lo tengas.

Ser padre es un aprendizaje que no acaba nunca. Cada día aparecen cosas nuevas y debes adaptarte a las etapas evolutivas por las que tu hijo va a pasar: infancia, adolescencia y edad adulta.

En este libro hablaremos de la primera infancia, una etapa única y

Cubrir las necesidades emocionales de tu hijo es tan importante como la nutrición.

entrañable, pero también expuesta a inseguridades y cambios. Después de leerlo sabrás por qué fases pasará tu hijo y la mejor manera de actuar en cada una de ellas. Solucionarás algunos de tus problemas y resolverás algunas de tus dudas, pero sobre todo sentirás que ya no estás solo en este proceso.

Pero antes de que continúes la lectura, quiero que recuerdes que nadie dijo que ser padres fuera fácil. La educación de los hijos es muy importante. De lo que no hay duda es de que no somos perfectos y que cometeremos errores. Por suerte, muchas veces será suficiente con pedir perdón y dar un beso.

Si estás leyendo esto significa que eres una madre o un padre implicado, lo que quiere decir que ya cuentas con la base para hacerlo bien; el resto lo encontrarás aquí.

Ahora sí, ya puedes pasar la página.

De
0 a 1
año

1

EL PRIMER AÑO DE VIDA

Crecer en un ambiente de amor incondicional y seguridad nos hará seguros y autónomos en el futuro. Hacer saber a nuestro hijo que lo queremos, lo respetamos y valoramos, y que estaremos aquí para él, siempre, pase lo que pase, hará de él un adulto seguro e independiente.

Y esto es lo mejor que podemos dar a nuestro hijo.

MIREIA NAVARRO

¡Qué complejo que es el primer año de vida de tu bebé! El sueño, los pañales, alimentarlo... y un sinfín de temas que hay que tratar a diario. Y hablando de alimentar al bebé, ¡qué difícil es dar el pecho por primera vez! Por suerte contamos con las comadronas que, en los hospitales, están para ayudarnos. Luego te dan el alta y te las tienes que apañar en tu casa, con todo el mundo dándote consejos. En el continuo estado de somnolencia en que te encuentras ya no sabes cuándo es de día o de noche; el llanto que se te clava en el oído y te cala hasta lo más profundo de tu ser; el instinto que te hace saltar de la cama al menor movimiento del bebé en la cuna...

Esta es la parte que nadie te cuenta, lo duros que son los tres primeros meses de vida, hasta que os adaptáis el uno al otro. No es que la gente quiera ocultarte esa información. Más bien se olvida, porque toda la parte buena se impone a la mala. Poco a poco los padres van conociendo más al bebé y se llega a establecer ese vínculo mágico y maravilloso que durará toda la vida.

En estos primeros meses, el bebé está aprendiendo a comunicarse, y los padres, a entender lo que dice. Al no disponer de herramientas verbales, necesita que los padres estén muy atentos a sus necesidades, sean muy observadores y atiendan a sus demandas lo antes posible.

En esta dinámica hay unas reglas que conviene conocer y que trato a continuación.

EL LLANTO

El llanto es la única manera que tiene el bebé para comunicarse. Por lo tanto, siempre hay que atenderlo cuando llora. Poco a poco los padres van distinguiendo los tipos de llanto (cuando tiene hambre, sueño o cuando le duele algo).

Es solo cuestión de tiempo y de aprendizaje por ensayo y error, que es el más básico de nuestros aprendizajes. Pruebo a darle el pecho y, si no lo quiere, pruebo a dormirlo. Si tampoco es eso, lo pongo en mis brazos boca abajo por si es dolor de barriga o, si aún llora, me lo quedo en brazos e intento consolarlo. No tardaréis mucho en entender a vuestro bebé. Es normal que llore, sobre todo a última hora de la tarde o por la noche, cuando está más cansado y suele tener peores digestiones.

Los primeros días de vida son muy difíciles. Todo el entorno del bebé ha cambiado de manera drástica y necesita estar en contacto con los padres. Por eso es muy importante atenderlo cuando llora y tomarlo en brazos sin parar. No hagáis caso de quien dice —a menudo las abuelas— que no hay que tomarlo en brazos porque se acostumbran, pues aún no he visto a ningún niño de 15 años en brazos de su madre. El contacto físico es esencial en los primeros meses de vida. Es la única vía de comunicación entre padres e hijos.

Dejarlo llorar no le hace aprender, y responder cuando llora tampoco es consentirlo. Si llora, signi-

El llanto es la única manera que tiene el bebé para comunicarse.

fica que tiene algo que comunicarnos, por lo que los padres debemos responder a ese llanto. En caso contrario, se sentirá desamparado.

El llanto expresa malestar, que puede ser de cualquier tipo: malestar físico, como hambre, dolor o sueño, o bien psicológico, como demanda de atención o miedo... Sea del tipo que sea, debe ser atendido y la única manera es a través de nuestra presencia, nuestro contacto físico y nuestra voz.

Nuestra principal misión como padres, en los primeros meses, es satisfacer las necesidades más básicas de nuestro hijo, cosa que difícilmente haremos si no lo atendemos cuando llora.

El contacto físico es esencial en los primeros meses de vida. Es la única vía de comunicación entre padres e hijos.

LO QUE TRANSMITIMOS: LAS EMOCIONES

El bebé tiene un sexto sentido para percibir la ansiedad de los padres. Son pequeñas esponjas de emociones. Si estamos nerviosos o inquietos, lo percibirá y responderá llorando; ese llanto nos pondrá más nerviosos y entraremos en un bucle imparable. Por tanto, es importante generar un ambiente de calma e intentar permanecer tranquilos cuando estamos con el bebé.

Si en algún momento nos sentimos desbordados o con ansiedad por la situación, es mejor que dejemos un rato al bebé con alguien y dediquemos un poco de tiempo a nosotros mismos para poder relajarnos. Hacer esto no implica descuidar a nuestro hijo. Seguro que hay familiares o amigos deseando hacer de canguros y que también le pueden aportar mucho al bebé: otros estímulos diferentes a los nuestros, máxima atención y muchos mimos.

Es necesario que en esta nueva etapa en la que estrenamos el rol de padre o madre sepamos reservar algo de tiempo para nosotros. Sé que en el primer año de vida de nuestro hijo es casi una misión imposible disponer de tiempo para uno mismo, pero debemos darle a esto la importancia que tiene. Si me encuentro bien, transmito bienestar; si estoy mal, transmito malestar. Es así de sencillo. También nos ayudará a tener calma en casa la música suave, una luz tenue... Cuidar los detalles ambientales nos puede ayudar a todos a estar más tranquilos y relajados.

De la misma manera, los besos, caricias y achuchones no son solo recomendables, sino imprescindibles. Si hubiera un curso para ser padre, esto sería la base de la formación. Que nuestro hijo perciba que se le quiere de manera incondicional desde el principio es clave para su autoestima en el futuro.

La expresión física del afecto es clave para generar un vínculo sano con el bebé. Por eso es importante ser muy afectuosos en los primeros meses.

De las emociones hablaremos con más profundidad más adelante, para saber cómo trabajarlas con nuestro hijo. Pero por el momento, durante su primer año de vida, será suficiente con atenderlo cuando llore, demostrarle nuestro afecto, hablarle con una marcada entonación, distinguiendo bien cuando mostramos alegría, pena, frustración o cualquier otra emoción que vivamos en nuestro día a día. El bebé aún no entiende las palabras, pero reconoce muy bien la entonación y los gestos que acompañan al lenguaje verbal.

Y, por último, pero no por ello menos importante, hemos de prestar atención a nuestro cuidado. Lo que yo siento, cómo me encuentro, mis emociones, todo esto le llega directamente al bebé. No podremos esconderlo.

Si hay un lenguaje que un bebé entiende nada más nacer, ese es el emocional, pues nacemos con la capacidad de mostrar e interpretar las emociones primarias. Si nos vienen de serie, será porque tienen una gran importancia en el desarrollo del ser humano. Aunque hasta hace relativamente poco no se les daba la importancia que merecían, en la actualidad no hay charla de padres en la que no me pidan que hable de las emociones. Así, encontramos un gran número de cuentos que las incluyen o tratan de ellas. Por fin tienen el lugar que se merecen.

EL SUEÑO

En sus primeros días de vida, el bebé no distingue entre la noche y el día. Su ritmo circadiano todavía no funciona como el de los adultos.

Sin embargo, podemos ayudarlos de varias maneras, como vemos a continuación.

La expresión física del afecto es clave para generar un vínculo sano con el bebé.

Es importante que durante el día el bebé duerma en el comedor o en el lugar de la casa donde estemos nosotros. Debe haber luz y un poco de ruido. En cambio, cuando llegue la noche debería percibir otro ambiente. El ritual antes de ir a dormir es esencial para generar un buen hábito de sueño. Se empieza con el baño, que tiene que ser relajante; se le pone el pijama, un pañal limpio y se le da de cenar. Después, se le deja dormir en una habitación lejos del ruido y la luz. Lo acompañamos con un cuento o una canción y dejamos que se duerma solo en su cuna o, si hemos decidido hacer colecho, en nuestra cama.

Todos estos estímulos harán que el bebé empiece a distinguir poco a poco la noche del día, aunque habrá que esperar a que su cerebro madure lo suficiente para adaptar su ritmo de sueño.

A partir de los 6 meses ya empieza a dormir más horas por la noche. Incluso hay bebés que para entonces duermen de seguido, aunque lo más habitual es que lo haga a tandas de dos o tres horas tanto de día como de noche. Mientras tanto, todos los sistemas implicados en el ritmo del sueño y vigilia irán madurando.

Es importante empezar a crear hábitos desde el principio. Todos los pasos previos a acostarlo por la noche serán estímulos que lo irán avisando de que se acerca la hora de dormir, actos que irá interiorizando y aprendiendo.

Por eso es conveniente que se duerma solo en la cuna. Así como antes afirmaba que hay que tomarlo en brazos cuando llore, he aquí la excepción que confirma la regla: no debemos dormirlo siempre en brazos. Ha de aprender a dormirse solo en la cuna para evitar problemas de sueño más adelante. De todas formas, no hay que obsesionarse con esta premisa, sobre todo en los primeros días o semanas, cuando necesita de manera constante nuestro contacto físico, que hay que priorizar. Hay mucha necesidad de vínculo en los tres primeros meses de vida, sobre todo durante el primero.

Recuerdo con nitidez cómo mi hijo pequeño estuvo literalmente pegado a mí dos días seguidos. No conseguía dejarlo en la cuna ni un

Es importante empezar a crear hábitos desde el principio.

segundo. Pensé «Voy a tener que dormir con él siempre». Era incapaz de separarlo de mí, de hecho, creo que no llegó a usar la cuna del hospital. Pero, poco a poco, dejó de tener esta necesidad de apego físico y se fue habituando a dormir en su cuna.

Cada niño es un mundo y los padres nos tenemos que adaptar a sus necesidades. Los hay con mucha necesidad de apego al principio. Estos, con el tiempo, deben asumir la pauta de dormir solos en su cuna.

En otro capítulo, analizaremos con detalle los problemas relacionados con el sueño. Es un tema demasiado importante como para dedicarle tan solo unas líneas.

LA ALIMENTACIÓN

La Organización Mundial de la Salud (OMS) recomienda la lactancia materna exclusiva durante los primeros seis meses del bebé y de manera complementaria con alimentos durante un año o, si es posible, más tiempo.

Pero esto no siempre ha sido así. Mi madre recuerda que en su época se recomendaba la lactancia artificial. De hecho, si tenías cierto poder adquisitivo, ni se te pasaba por la cabeza darle el pecho. Mi abuela me decía que había criadas que, a modo de nodrizas, amamantaban a los bebés de las señoras y que, si alguien no tenía leche para dar a su hijo, ni dinero, lo que hacía era darle leche de cabra.

Como es lógico, debemos seguir las recomendaciones de la OMS, pero sin llegar a obsesionarnos.

Recuerdo perfectamente lo que ocurrió tras el nacimiento de mi primer hijo. A la semana de nacer, tuve que entrar en quirófano por una complicación. Me ingresaron con él para que pudiera seguir dándole el pecho. Pero, como estuve en ayunas el día de antes de la operación y el de después, era muy difícil que siguiera teniendo leche. Me sentía agotada y culpable, y mi bebé no dejaba de llorar, hambriento y desesperado.

Me costó mucho recuperarme, pero todo el mundo a mi alrededor insistía en la importancia de la lactancia materna. Si me llega a pasar con mi segundo hijo, le habría dado un biberón a la primera de cambio.

Comparto mi experiencia para que aquellas madres que, por el motivo que sea, no habéis podido dar el pecho a vuestro bebé dejéis de sentiros culpables.

Con todo, dar el pecho no es tan fácil como parece, sobre todo el primer mes. Pero, una vez que se consigue, todo resulta más fácil. Por eso te animo a que lo intentes y busques ayuda si no puedes, porque la recompensa hace que todo el esfuerzo valga la pena.

En la actualidad hay muchos sitios a los que acudir para encontrar ayuda, para no sentirte tan sola. Si puedes dar el pecho, adelante; pero, si no puedes o sufres demasiado por ello, hoy en día hay tipos de leche artificial buenísimas. No se es peor madre por darle al hijo el biberón.

Otro aspecto complicado de poner en práctica en el primer año de vida del bebé es la introducción de nuevos alimentos. Le cuesta mucho acostumbrarse a nuevas texturas y sabores. Por eso han de seguirse las pautas del pediatra sobre qué nuevo alimento ir introduciendo. Nosotros solo nos tendremos que armar de paciencia.

Es recomendable crear el ambiente apropiado que dé a entender que se va a comer: poner la trona en su sitio, el babero, la cuchara... Son signos que le dicen al bebé: «Ya viene la comida». Estamos creando un hábito nuevo, no solo se trata de introducir nuevos alimentos; también le enseñamos a comer. Por eso el ritual es tan importante.

No desesperes, pues tarde o temprano conseguirás que se coma la fruta. Es cuestión de tiempo y perseverancia. Un día se comerá esa papilla que has estado tirando tantas veces a la basura. O esa pieza de fruta que nunca ha querido comer si se la das a trozos.

A la alimentación le dedico un capítulo completo más adelante, a fin de analizar las dificultades que nos vamos a encontrar.

No se es peor madre por darle al hijo el biberón.

EL AMOR

En los primeros meses de vida, las necesidades biológicas del bebé son muy importantes. Su crecimiento es constante y necesita una buena alimentación y muchas horas de sueño. Nuestra misión es responder a todas estas necesidades. Pero hay otras, como el crecimiento emocional e intelectual. Para ayudarle en esto lo esencial es transmitirle que se le quiere y que su entorno es seguro y predecible. ¿Cómo se logra todo esto?

Las emociones se transmiten de manera casi inconsciente, por eso es importante mantener la tranquilidad y mostrarse relajado y feliz. Es muy difícil transmitir bienestar si no lo sentimos. Saber esto hará que estemos atentos a nuestras emociones. Dedicarnos un poco de tiempo a nosotros mismos no es descuidar al bebé, sino mostrar atención a nuestra parte más emocional para cuidar de él a través del propio cuidado. Esto a menudo se obvia, sobre todo durante los tres primeros años de vida. Estamos tan volcados en la maternidad o paternidad que nos olvidamos de nosotros. Y esto depara consecuencias. No hay duda de que no vas a disponer del mismo tiempo que antes, pero no te descuides por completo, ya que la salud mental de tu bebé pasa también por la tuya.

Es importante hacerle saber que lo queremos y protegemos, lo que se consigue mediante el contacto físico, besos, caricias, abrazos... Es básico para su desarrollo.

Los psicólogos Harry Harlow y Robert Zimmerman hicieron un experimento que, en mi opinión, es el ejemplo más claro de la importancia del cuidado y el amor en esta etapa.

La hipótesis de partida de Harlow es que el cariño es lo más importante para el bebé. Para demostrarlo, realizaron un experimento con crías de mono. En distintas jaulas pusieron dos *madres* en cada una: una de alambre, que ofrecía leche, y otra hecha de tela —más parecida a una madre real— que no proporcionaba leche.

Todas las crías prefirieron a la madre de tela. Solo se acercaban a la otra para comer, pero pasaban la mayor parte del tiempo abrazados a la de tela. Después añadieron algunas variables y demostraron que las crías preferían a la madre que mecía frente a la que no lo hacía y a la que estaba caliente, en lugar de la que no lo estaba.

Este experimento es muy significativo. Demuestra que por encima del instinto de supervivencia está el de sentirse querido y protegido. Así que no cabe duda de que tenemos que esforzarnos por ser los padres que nuestro hijo necesita.

Es importante hacerle saber que lo queremos y protegemos, lo que se consigue mediante el contacto físico, besos, caricias, abrazos...

Según Harlow, como sostuvo en su conferencia de 1958 «La naturaleza del amor», la base del amor que un niño siente por su madre no se reduce únicamente a ser la fuente de alimentación. Es también una cuestión de alimento emocional, el alimento del alma, al que yo daría la misma importancia que al alimento tangible. Sin uno no podríamos sobrevivir y sin el otro sobreviviríamos, pero no podríamos vivir.

LA RUTINA

Para que el bebé sienta que su entorno es seguro y predecible, lo mejor es establecer una rutina. Por eso es tan importante en la primera etapa de la vida crear hábitos y cumplir horarios. ¿Nunca os habéis preguntado por qué vuestro hijo quiere ver una y otra vez los mismos dibujos o te pide que le leas siempre el mismo cuento?

Los imprevistos no le gustan porque hacen que el entorno no sea predecible, lo que le pone nervioso. Saber lo que va a pasar le da seguridad. Poco a poco, podremos flexibilizar los horarios e introducir pequeños imprevistos y cambios. Cuando lo hagamos, se lo diremos, aunque aún no pueda entender lo que le decimos: «Hoy iremos a la playa y comeremos todos juntos».

Con el primer hijo, todo esto es mucho más fácil de hacer. Cuando ya tienes dos, normalmente el segundo le sigue el ritmo al primero, por lo que no siempre el entorno es tan predecible o estructurado como nos gustaría. Sin embargo, no hay que preocuparse demasiado; se trata simplemente de intentar que el niño viva en un entorno conocido y estable.

Nuestro hijo debe seguir las mismas pautas a lo largo del día: el desayuno en su trona, el ratito de juego, la comida a la hora estableci-

> **La base del amor que un niño siente por su madre no se reduce únicamente a ser la fuente de alimentación.**

da, luego la siesta, la merienda, otro rato de juego, el baño, el pijama, la cena y a dormir toda la noche, aunque sea a intervalos. Eso le da seguridad y tranquilidad.

LA ESTIMULACIÓN

Por último, no podemos olvidar que su cerebro y el resto del sistema nervioso se está desarrollando, por lo que es importante estimularlo, al menos hasta cierto punto. Debemos hablarle mucho, por ejemplo, de lo que haremos, de quién vendrá a visitarnos, de lo que cenaremos o de cualquier otra cosa que queramos. Aunque no entienda el lenguaje verbal, entiende la entonación, los sonidos, los gestos, las emociones, las caras...

Asimismo debemos contarle cuentos. ¡Implica tantas cosas leerle o contarle un cuento! Lenguaje oral, expresión facial, emociones, sentimientos, colores, dibujos, etc. Leerle un cuento a nuestro hijo es una de las mejores cosas que podemos hacer con él.

Ofrecerle en cada etapa los estímulos que necesita para crecer es esencial. Una falta de estimulación puede provocar un retraso en el desarrollo motriz e intelectual de nuestro hijo.

Durante los años que he estado trabajando con personas con discapacidad intelectual, he podido observar que un elevado porcentaje de los casos provenían de familias desestructuradas que no han estimulado ni se han preocupado por la educación y el desarrollo de sus hijos. Y, aunque no se puede asegurar que sea la única causa de su discapacidad, lo cierto es que al menos es una de ellas.

Ahora bien, ten en cuenta que una sobrestimulación es perjudicial. Las imágenes, los sonidos, los estímulos que aparecen en la televisión son excesivos para que un bebé los procese. Por lo tanto, es recomendable no ponerlo delante del televisor cuando lo hagamos nosotros ni exponerlos muy a menudo a los dibujos animados para bebés.

Lo que sin duda alguna recomiendo es adaptarse bien a la etapa evolutiva de nuestro hijo en todos los aspectos. Y la estimulación es uno de ellos. Hay libros que explican bien qué se espera en cada etapa con ejemplos de juegos concretos para cada momento. En la bibliografía del final de este libro se incluyen algunas recomendaciones.

Podríamos apuntar a modo de resumen una serie de indicaciones por etapas, tal como figura a continuación.

Aunque no entienda el lenguaje verbal, entiende la entonación, los sonidos, los gestos, las emociones, las caras...

- De los 0 a los 8 meses:
  - La estimulación debe ser gradual.
  - Hay que exponer al bebé a muchas canciones y cuentos.
  - Se deben aprovechar los cambios de pañal para estimularlo con juguetes adecuados, sonajeros, mordedores...
  - A partir de los 4 meses, cuando ya se mantiene sentado, podemos alejarle los objetos para que los intente agarrar y estimular así su motricidad.
  - Ponlo bocabajo en el suelo para que experimente con objetos.
  - A los 6 meses, se puede poner al bebé bocarriba para que mueva las piernas y brazos y empiece a tonificar así toda la musculatura, lo que le ayuda a empezar a gatear.
  - También podemos aprovechar la hora de la comida para que agarre la cuchara y experimente con los alimentos.
  - Durante los primeros meses, le encanta que lo mezas en brazos y le cantes canciones.
- De los 9 a los 12 meses:
  - En esta etapa es probable que empiece a gatear. Hay que estimularlo colocándole objetos lejos de él para que tenga que moverse y alcanzarlos.
  - También aparece el lenguaje verbal. Podemos empezar a estimular el lenguaje haciéndole preguntas («¿Cómo hace la vaca?», «¿Cómo se llama la muñeca?», «¡Llama a papá!»), explicándole dónde vamos, leyendo cuentos juntos, etc.
  - Escóndele juguetes para que los encuentre.
  - Deja que experimente con cosas distintas a juguetes, como fiambreras, cucharas de palo, etc., procurando que sean objetos seguros. Tiene que experimentar y disfrutar de su recién estrenada libertad para moverse por sí mismo.

- Muchos niños empiezan a andar al año. Ayúdale tomándolo de las manos para que dé sus primeros pasos. Aplaude sus logros en todas las áreas de su desarrollo para que vea que estás contento con sus pequeños avances.
- En esta edad también son muy útiles los juguetes que se empujan, como los andadores para bebés.

Y, aunque la siguiente etapa se detallará en el siguiente capítulo, he aquí un pequeño adelanto.

- De los 12 a los 24 meses:
  - Comienza el camino hacia su independencia y una necesidad de experimentación de todo su entorno.
  - Empieza a desarrollarse su psicomotricidad fina, que hay que estimular. Para ello, nos será muy útil hacer que pinte, tape y destape objetos, juegue con las manos o con elementos de construcción, como los bloques de Lego, etc.
  - No debemos descuidar la psicomotricidad gruesa. No olvides que tu bebé ya sabe andar, así que pronto aprenderá a correr, ¡y lo hará todo el tiempo!
  - Enséñale a subir y bajar escaleras, jugad a chutar una pelota, a obedecer órdenes sencillas, a comer solo usando la cuchara y el tenedor, etc.
  - Empieza a hacerle asumir responsabilidades, como llevar el pañal a la basura, poner la ropa sucia en su sitio, ayudar a poner la mesa llevando sus propios cubiertos, etc.
  - Cantad canciones gesticulando, aprended pequeñas coreografías, jugad a nombrar objetos y equivócate a propósito para que te corrija.
  - No olvides que el lenguaje y la psicomotricidad son los protagonistas de esta etapa.
- De los 2 a los 3 años:
  - Es la etapa del «Tú no, mamá; yo solo». Es el camino a la independencia.

Es recomendable no ponerlo delante del televisor cuando lo hagamos nosotros ni exponerlos muy a menudo a los dibujos animados para bebés.

– En esta edad son muchas las cosas que podemos hacer con nuestro hijo. A mi juicio, la estimulación en casa a menudo se queda corta, por lo que recomiendo que vaya a la guardería.

Aplaude sus logros en todas las áreas de su desarrollo para que vea que estás contento con sus pequeños avances.

– Es una etapa de crecimiento exponencial: el lenguaje se hace mucho más complejo y la psicomotricidad se perfecciona.

– Podemos hacer con nuestro hijo muchas actividades: jugar con plastilina, hacer construcciones con cubos, leer cuentos de manera que él interaccione haciéndole preguntas o diciéndole que señale a los personajes, jugar a pasar la pelota, dibujar marcando el contorno —por ejemplo, de la mano—, cantar canciones y tocar instrumentos, hacer que asuma cada vez más responsabilidades —por ejemplo, comer solo o que ayude a cocinar—, colocar objetos o hacer marcas en el suelo para que pase sin tocarlos, etc.

– En cuanto al lenguaje, es importante que en esta etapa seamos más exigentes. Ahora ya tiene edad como para pedir las cosas por su nombre. Hay que instarlo a que nos lo pida hablando. Debe quedar atrás cuando lo hacía señalando, así que, si no lo hace, no le damos lo que nos pida (pero sin enfadarnos ni recriminárselo; hay que tomárselo como un juego y celebrarlo mucho cuando lo haga bien). Se trata de estimular, no de obligar. Tenemos que ser conscientes de que el lenguaje de nuestro hijo va a depender, en gran parte, de la estimulación que reciba en casa. La idea esencial de todo esto es que podemos jugar a gran cantidad de cosas usando el lenguaje y haciendo que él lo use para pasárselo bien.

• De los 3 a los 9 años:
  – El niño ya es mayor. Llega el gran desarrollo intelectual. Es capaz de atribuir intenciones y motivaciones a los demás. Es lo que los psicólogos llamamos el periodo de «la teoría de la mente».
  – Adquiere mucha importancia el juego simbólico y el juego social. El contacto con otros niños es fundamental.

– Es la etapa indicada para pasar las tardes en el parque.
– En lo que se refiere a la motricidad, tienen mucho más control y, por lo tanto, es la etapa ideal para los grandes juguetes, como la bicicleta o el patinete.
– Los cuentos siempre deben estar presentes y son muy importantes, sobre todo para trabajar las emociones. Se incluyen en la bibliografía una serie de cuentos recomendados.

De los 2 a los 3 años: Es la etapa del «Tú no, mamá; yo solo». Es el camino a la independencia.

En general, son muy útiles los juguetes infantiles, de los que conviene saber la edad recomendada. Usar juguetes de edades más avanzadas no ayuda, por tanto, hay que elegir los de su edad.

Desde que el bebé empieza a pasar más ratos despierto, hay que empezar a estimularle todos los sentidos (a través de la música, colores, texturas, ruidos, etc.).

Debemos dedicar tiempo a jugar con nuestro hijo. Juega con él ahora, cuando quiere jugar contigo, pues más tarde tal vez no sea así. Este es el ingrediente principal de la receta: el juego.

Recomendaciones básicas

➤ Responder cuando llora no es consentir, sino dar respuesta a sus necesidades.
➤ Tomarlo en brazos, besarlo, darle achuchones, caricias, masajes, no es solo recomendable, sino que es imprescindible. ¡El cariño alimenta más que la leche!
➤ Es esencial crear hábitos desde el principio, sobre todo en lo relativo al sueño y a la comida.
➤ Debemos transmitirle siempre las emociones, aquello que sentimos.
➤ La rutina le encanta y le da seguridad.
➤ Jugar con él y leerle cuentos lo estimula y le hace crecer.

De
2 a 3
años

2

ENTRE LOS 2 Y LOS 3 AÑOS: LA ETAPA TERRIBLE

Bendito el día que llegaste a mi vida para llenarla de felicidad y amor, gracias por ser un gigante entre pequeños y gracias por ser fuerte en los momentos en que te sentías mal... Nadie te va a amar como yo te amo a ti, nadie te va a cuidar como yo, eso ni dudarlo. Y, sobre todo, nadie pero nadie dedicará cada segundo a ser tu amigo, tu confidente. ¡Te daré alas para que puedas volar en tus sueños del mañana!

PAULO BASCUÑAN

El niño que empieza a andar no ejerce un control sobre sí mismo, no planifica y, muy importante, no percibe los peligros, como tampoco se comporta de esa manera por fastidiar.

Entender plenamente esto nos lo pone más fácil. He oído muy a menudo a los padres culpar al bebé de sus actos («Es que ahora le ha dado por cruzar la carretera o salir corriendo y no hace caso. Se porta fatal»). El niño no entiende que, si cruza corriendo y sin mirar, es probable que lo atropelle un coche. No sabe que existe ese peligro, no planea, no predice y, sobre todo, no lo hace para molestar a sus padres, pues carece aún de esa capacidad.

El niño está explorando su entorno, su mundo. Antes casi no se podía desplazar por sí mismo, en cambio, ahora es libre, puede andar, por lo que le toca curiosear. Por tanto, somos nosotros quienes debemos prevenir que se exponga a situaciones de peligro o conflicto poniéndole límites. Sí, ha llegado la hora de poner límites. Pocos y muy definidos. Es cuando empezamos a introducir el no.

No todo el mundo está de acuerdo con este enfoque. Muchos creen que negarle las cosas al niño no es positivo. En una charla, un padre me comentó que es mejor decirle «Deja la puerta abierta» que «No cierres la puerta». Probablemente sea cierto si es que, como afirman los partidarios de la programación neurolingüística (PNL), las frases que usamos son reflejo de nuestro mundo mental. Pero eso ya es harina de otro costal.

De todas formas, considero que lo realmente importante es poner límites y ser conscientes de que tenemos la responsabilidad de enseñarle a nuestro hijo lo que está bien y lo que está mal, lo que puede hacer y lo que no. Personalmente, recurrir al no me ha funcionado muy bien, pero no me opongo a quienes prefieren usar otra vía. Lo que importa a la postre es que el niño aprenda e interiorice las normas.

A partir de los 2 años, el niño tiene una fuerte necesidad de explorar, aprender y, sobre todo, de ser más independiente (empieza a querer hacerlo todo por sí mismo). Y, si hasta ahora todo esto os parece difícil de llevar a la práctica, pensad que tan solo era un precalentamiento. La carrera de fondo empieza ahora. ¿Estáis preparados?

¿QUÉ PODEMOS ESPERAR DE LA NUEVA ETAPA?

Nuestro hijo ha empezado a andar y lo quiere explorar todo. Necesita más estímulos, aprende a una velocidad vertiginosa y nos agota.

Hay elementos de la primera etapa que siguen siendo esenciales, como respetar las horas de la comida y del sueño. El niño de 2 años ya come de todo y tiene que probar nuevos alimentos. Debemos crear el ambiente adecuado, como en la primera etapa, y tenemos que pasar de la trona a la silla y la mesa. Estoy bastante segura cuando digo que al principio todos los niños se levantan de su silla recién estrenada veinte veces durante la comida. ¿Qué podemos hacer?

Ante todo, paciencia. No lo persigas con la comida por toda la casa, sino haz que se sienta y coma; poco a poco se irá acostumbrando a la nueva situación. Para ello es importante que siempre coma en el mismo sitio, en la misma sillita, con sus platos. La rutina, una vez más, hará que se sienta seguro y aprenda un nuevo hábito.

Lo realmente importante es poner límites y ser conscientes de que tenemos la responsabilidad de enseñarle a nuestro hijo lo que está bien y lo que está mal.

También empezaremos a comer en familia, pues es la mejor manera de hacer de la hora de la comida un momento agradable y familiar. Adaptaremos los horarios para comer juntos, aunque sea solo de vez en cuando o los fines de semana.

En cuanto a los hábitos de sueño, nos sirven los consejos relativos a la primera etapa, además de un capítulo específico que le dedicamos más adelante.

También hay aspectos que nos suponen nuevos retos. Ha llegado la hora de introducir los límites, por lo que vamos a frustrar a nuestro hijo en más de una ocasión. No os sintáis mal por hacerlo, ya que es vital que experimente la frustración y que aprenda a reaccionar ante ella.

LA FRUSTRACIÓN

Es normal que empiece a experimentarla ante las negativas de los adultos o cuando no se cumplen sus expectativas. El niño quiere explorarlo todo, sin límite, y nosotros vamos a empezar a decir no.

Para ayudarlo, tenemos que hablarle siempre con calma, sin gritar (los gritos aumentan su frustración y malestar), e intentar que exprese con palabras lo que le pasa. Trata de comunicarle cómo te sientes tú. Debemos evitar negárselo todo.

A veces los padres, por miedo a que se haga daño o le pase algo, tendemos a sobreproteger a nuestro hijo y nos pasamos el día diciendo que no. Esto solo hará que el niño se frustre constantemente. Y, como en casi todos los ámbitos los extremos suelen ser perjudiciales, demasiada frustración tampoco es positiva. Lo mejor es prever una serie de noes esenciales (no se sale al balcón, no se sube al sofá, no se cruza la calle corriendo...) que nuestro hijo debe cumplir y, en lo demás, ser más flexibles y dejarlo explorar. A fin de cuentas, se trata de buscar el equilibrio y negar solo lo que creamos más importante (sobre todo para su integridad física).

Hay un momento en que todos los padres experimentamos un momento de frustración por excelencia con nuestro hijo de entre 2 y 3 años: cuando nos vamos del parque.

El niño nunca quiere irse del parque. Está muy bien jugando con otros niños al aire libre y no entiende que se tenga que ir a casa. Por eso su reacción suele ser de llanto y negación. En este caso hay un consejo que te puede ayudar a sobrellevar mejor esta situación. Se trata de avisar. Podría decirle «Cinco minutos y nos vamos» y así lo preparo para la frustración. Sin embargo, es más recomendable que uséis otra expresión que no incluya la palabra *minutos* porque aún no ha adquirido la noción del tiempo. No es hasta los 8 años que se empieza a tener una buena percepción del tiempo. Por lo tanto, es mejor usar frases como «Te tiras dos veces más del tobogán y nos vamos», «Metemos un gol más y nos vamos» o «Pasas por el trenecito tres veces y nos vamos». Algo que tu hijo entienda y que podáis contar juntos. Al avisar, el nivel de frustración no suele ser tan elevado y así evitaréis alguna escena desagradable.

Y, como no sabe expresar lo que siente con palabras ni controlar sus emociones, cuando sienta la frustración probablemente lo exprese con una de sus famosas rabietas.

LAS RABIETAS

Son muy frecuentes en esta etapa. Forman parte del aprendizaje de nuestro hijo y no debemos escandalizarnos cuando se ponga a gritar, a llorar, a tirarse al suelo y a dar patadas.

¿Cuándo aparecen?

Normalmente en momentos de estrés. Es habitual cuando los padres no atienden las necesidades del niño, ante el sueño o el hambre. Como ya hemos comentado, cuando se frustran, cuando les decimos que no y cuando algo no sale como ellos esperaban, reaccionan de esta manera ante la frustración.

¿Qué hacer?

Debemos conservar la calma, no gritar más que él, asegurarnos de que no se puede hacer daño e ignorarlo hasta que se calme. Cuando empieza a calmarse le hablamos con mucha calma, le diremos que entendemos por qué está así, expresaremos con palabras lo que le pasa («Ya sé que tienes sueño y por eso lloras. Ahora iremos a casa y podrás dormir» o «Ya sé que querías que te comprara una golosina, pero es la hora de cenar y te quitará el hambre. Mañana te compraré una»).

Como no sabe expresar lo que siente con palabras ni controlar sus emociones, cuando sienta la frustración probablemente lo exprese con una de sus famosas rabietas.

En cuanto pase la rabieta, lo abrazamos, le damos mimos y le proponemos una alternativa que le guste para distraerlo, ya que necesita aferrarse a algo bueno. Si cuando nos acercamos nos rechaza, es que todavía continúa con la rabieta. Hay niños a los que les dura más que a otros. Pero lo esperable es que, cuando se acabe, acepte de buen grado un abrazo.

Como ya se ha dicho, es una reacción muy normal que aparece con frecuencia a esta edad, pero tiende a desaparecer con el tiempo. Ahora bien, excepcionalmente esta conducta se cronifica, lo que puede acabar siendo un verdadero problema.

¿Por qué se cronifica?

La mayoría de las veces sucede porque como padres no hemos reaccionado bien ante las rabietas.

Imaginad la siguiente situación. Nuestro hijo nos pide una golosina cuando entramos a comprar el pan y le decimos que no porque se acerca la hora de cenar. En ese momento, el niño se enrabieta en la panadería llena de gente y nosotros, por no oírlo y por no armar un escándalo, se la compramos.

En esta situación hay dos cosas que hemos hecho mal: la primera, premiar una mala conducta (le hemos dado una golosina después de una rabieta, lo que la refuerza) y, en segundo lugar, le hemos dado a entender sin ser conscientes este mensaje: «Hijo mío, siempre que quieras conseguir algo y yo te diga que no, tienes que pedirlo más alto, gritando y llorando».

La próxima vez que, en la misma situación o una similar, le digamos que no, la rabieta será mayor y, si volvemos a darle lo que quiere, habremos instaurado este comportamiento para mucho tiempo.

Por eso es tan importante hacerlo bien desde el principio. No hay que premiar una conducta que queramos que desaparezca, sino ignorarla. Es algo que sabemos muy bien los psicólogos. Por lo tanto, ante una rabieta, lo más recomendable es ignorar y dejar que poco a poco nuestro hijo se calme. Hay que mostrarse sereno, sin gritar, y nunca ceder ante ella: jamás la rabieta le tiene que servir para conseguir lo que quiere.

Ignorar la rabieta significa no hacerle caso, no gritar más que el niño. Uno de los dos tiene que ser el adulto y es nuestro papel. Hemos de mantener la calma y esperar a que pase. No significa en ningún caso dejar al niño solo, irnos, no mirarlo o mostrar una clara actitud de enfado. Es simplemente esperar a que pase y asegurarse de que no puede hacerse daño. Necesita un tiempo para que todas las reacciones fisiológicas que le ha generado el enfado desaparezcan.

Hay niños que experimentan más a menudo una rabieta que otros. Es normal. Siempre digo que hay niños que son más expresivos para lo bueno y para lo malo. Muestran más sus alegrías, y también sus enfados. No es mejor ni es peor, simplemente forma parte de la diversidad. Si tienes un niño que es todo expresión, te tocará lidiar con muchas rabietas, pero pasarán, ya que tarde o temprano dejará de tenerlas.

Experimentar ciertas emociones como la ira, que es la que sentimos ante la frustración, provoca un gran malestar en los niños de esta edad. Por eso educar en emociones implica también ayudar a gestionarlas.

No hay que premiar una conducta que queramos que desaparezca, sino ignorarla.

Si ante una rabieta de tu hijo reaccionas con calma, comprensión y cariño, le ayudarás a regular sus reacciones fisiológicas y de esta manera conseguirás que gestione mejor la ira. En cambio, si tu reacción es de enfado y descontrol, echarás leña al fuego y retroali-

Un niño que crece sin límites tendrá la necesidad de crear los suyos propios.

mentarás su ira haciendo que dure más la desagradable experiencia. A fin de cuentas, gestionar bien una emoción es saberla dejar ir y no permanecer todo el día en el malestar que te genera.

LOS LÍMITES

Poner límites es necesario. Un niño que crece sin límites tendrá la necesidad de crear los suyos propios, se desarrollará sin la brújula que le dice hacia dónde tiene que ir.

Por eso, como padres, debemos tener muy claro que, cuando le ponemos un límite, lo hacemos por su bien. Pero hay que saber cómo. He aquí algunos consejos:

- Los límites tienen que ser coherentes. Un no es un no y lo será siempre, en todas las circunstancias. Si decimos no, tenemos que ser coherentes y, aunque la reacción del niño sea estallar en una rabieta, debemos mantenernos firmes y no ceder.

  Él buscará el límite y probará a traspasarlo. Por tanto, tenemos que hacerle entender que un no es un no y que no cambiaremos de opinión.

  Si a un niño hoy no le permites subirse y saltar en el sofá, pero mañana sí, no tendrá clara la norma, no sabrá si puede hacerlo o no. Este tipo de confusiones, como el ejemplo en forma de diálogo entre dos niños pequeños que aparece a continuación, hará que no entienda los límites:

  —Oye, ¿tu madre te deja saltar en el sofá?

  —Bueno, depende: a veces sí y a veces no. No sé muy bien si puedo o no puedo...

  —Entonces saltamos, ¿no?

  —Vale.

- Hay que ser firmes.

Un no es un no. A muchos padres les dan miedo los enfrentamientos a la hora de poner límites. Pero hay que saber que el niño, de manera natural, explora aquellos que le establecemos. Para estar seguro de que se trata de un límite, se opone a muchas de nuestras normas. Y solo después de comprobar que se trata de una norma inamovible, la acaba aceptando.

- Hemos de ser claros.

Para poner límites a edades tempranas, tenemos que cumplir con la norma del diez. No más de diez palabras o no más de diez segundos. Esta es la capacidad máxima de atención de nuestro hijo, por lo que todo lo que lo exceda caerá en saco roto. Por lo tanto, formula frases cortas y claras: «No se salta en el sofá», «No se toca la tele», «No se cruza la calle, te puede atropellar un coche».

Está claro que los padres que se oponen a utilizar el no con sus hijos no estarán muy de acuerdo con todo esto.

- Hay que ser coherente.

Todos los adultos de la casa implicados en la educación deben poner los mismos límites al niño. Se debe estar de acuerdo en todo; en caso contrario, se habla en privado —nunca delante del niño— y se llega a un consenso.

No es necesario llegar al extremo de apuntar todos los límites en una lista en la nevera. Se trata más bien de ponerse de acuerdo en qué tipo de límites son los importantes para todos los miembros de la familia.

- Tienen que ser normas claras y realistas.

Las normas han de estar adaptadas a la edad del niño (no podemos pretender que haga la cama con 2 años, por ejemplo), formularse con un lenguaje llano, fácilmente comprensible y que sea coherente con la etapa evolutiva del niño.

Las normas han de estar adaptadas a la edad del niño.

No se deben poner límites si estamos enfadados o estresados. Hay que evitar hablar mal o gritarle.

¿Qué debemos recordar sobre los límites?

- Las normas y límites son tan necesarios para el desarrollo emocional, cognitivo y social como el afecto.
- El niño necesita un entorno predecible y saber qué esperan de él sus padres. Esto le aporta seguridad.
- Las normas deben ser claras, sencillas y coherentes, y deben servir para facilitar la convivencia familiar y la vida en sociedad.
- Es necesario que se acompañen de una explicación comprensible y corta, que el niño pueda comprender. No vale repetirle constantemente «Porque lo digo yo».
- Hay que poner pocos límites: es imposible recordar un centenar ni nos podemos pasar el día diciendo que no a todo. Prioriza en esta etapa la integridad física y la creación de hábitos.

En resumen, podemos decir que esta etapa supone el pistoletazo de salida a una de las funciones básicas que tenemos como padres: educar. Para educar debemos orientar a nuestro hijo según nuestros valores, guiándolo en cómo queremos que sea la dinámica con él a partir de ahora. Poco a poco los límites se hacen más complejos, van cambiando según la etapa de crecimiento. Son importantes, pero no pueden abarcarlo todo. Son más bien la guía que marca las pautas del comportamiento que queremos.

Pero no debes estar todo el día limitando a tu hijo. Debes priorizar aquellos límites que le eviten posibles peligros, por ejemplo, debes prohibirle que salte en determinados sitios o que cruce corriendo la calle. Otros importantes son aquellos referentes a generar hábitos: comer en la silla, ordenar los juguetes o lavarse los dientes. Del resto ya habrá tiempo más adelante.

¿ES BUENO EDUCAR SIN PONER LÍMITES?

Esta opción conlleva algunos inconvenientes. El niño no sabe lo que se espera de él, no se siente atendido y a una edad temprana no tiene la capacidad para distinguir si lo que hace está bien o mal, es decir, si algo entraña algún peligro o no.

La vida está llena de normas que todo el mundo debe respetar. No estaría siendo muy realista ni responsable si dejo que mi hijo haga lo que quiera. Ya tendrá tiempo de rebelarse contra las normas en la adolescencia y de poner en tela de juicio todo el sistema. Hasta que llegue ese momento, las normas las pones tú; más tarde te tocará consensuarlas.

LAS RESPONSABILIDADES

Es importante empezar a introducir, poco a poco, algunas responsabilidades. Por ejemplo, pedirle que recoja los juguetes. Pero este tiene que ser un momento agradable y en el que debe estar acompañado.

A mi hijo le inculcaban la responsabilidad de recoger los juguetes en la guardería con una bonita canción que le cantaban en catalán: *A recollir, a recollir, que totes les joguines se'n van a dormir* («A recoger, a recoger, que todos los juguetes se van a dormir»). Y cantaban recogiendo todos los juguetes.

Otra responsabilidad que se le puede pedir cuando es pequeño es que lleve su ropa al cubo de la ropa sucia o el pañal a la basura. Es una tarea que a los niños les suele gustar mucho, así como pedirle que te ayude a cocinar o poner su plato en la mesa.

En definitiva, son pequeñas tareas que le enseñan a colaborar y a ser responsable. Son los cimientos de las responsabilidades que tendrá que asumir en el futuro y el principio de su autonomía.

Sin embargo, tampoco le podemos exigir con contundencia estas peticiones. Habrá momentos en que no lo hará porque tiene sueño o no le apetece. Nosotros mismos tenemos días en los que no hacemos lo que debemos al dedillo y no pasa nada. Hay que mostrarse flexible y adaptar nuestro nivel de exigencia a la edad del niño.

LA AUTONOMÍA. SU PROPIO CUERPO

No es tan raro ver que un niño se resiste a que lo besen o lo tomen en brazos. Ten en cuenta que no lo hace por llevar la contraria. Es parte de la recién adquirida autonomía, pues quiere decidir sobre su propio cuerpo. Ha empezado a descubrir su yo y sabe que puede moverse sin ayuda y explorar. Empieza a usar su nombre para referirse a él mismo y a explicitar todo lo que le pertenece. «Esto es mío» se repite una y otra vez. Muestra celos y no quiere compartir. Y aún no tiene control sobre sus emociones y se siente inseguro.

Todo esto es una parte muy importante de su construcción del yo y de la toma de conciencia sobre su propio cuerpo. Por eso, debemos respetarlo si, por ejemplo, no quiere darle un beso al abuelo o al amigo del primo de la abuela que ha venido a visitarla y que tiene un enorme bigote que le da miedo.

Además, hay dos aspectos esenciales que se le debe enseñar: su cuerpo es suyo y él decide. Esto está muy ligado a la sexualidad y, por ende, al abuso sexual. El niño debe tener claro que se puede decir no sin problema.

De adultos nos ahorraríamos muchos problemas si alguien nos hubiese enseñado a decir no y a poner límites a los demás. En la actualidad hay cursos y talleres sobre esto que se anuncian por todas partes. Por lo tanto, no puedes perder la oportunidad de enseñárselo a tu hijo. Una forma es respetándolo si no quiere darle un beso a alguien. Pero, si consideras que debes enseñarle a saludar porque quieres que sea educado, puedes respetar que no dé un beso, pero sí pedirle que salude con un «Buenos días».

Si lo obligamos a darles besos a todos los adultos de nuestro entorno, muchos de ellos desconocidos para el niño, le transmitimos el mensaje de que es esperable que los adultos lo besen y que se deba dejar. Pese a que parezca muy exagerado, son muchos los mensajes de este estilo que hacemos llegar a nuestros hijos sin darnos cuenta.

Es recomendable que integre que solo se besa a quien se quiere y cuando se quiere. Los besos y los abrazos jamás deben darse por obligación ni a la fuerza. Su cuerpo es suyo y lo está descubriendo. Por tanto, seamos flexibles y proporcionémosle cierta libertad a su recién estrenada identidad.

Debemos respetarlo si, por ejemplo, no quiere darle un beso al abuelo.

EL OPOSICIONISMO

A esta edad también suele ser frecuente una actitud de oposición o negación, como cuando no se quiere poner la chaqueta pese al intenso frío o cuando no quiere vestirse y llegáis tarde a la guardería. Estos son los primeros grandes desafíos. Es la manera que tiene de reivindicar su autonomía. Lo mejor que podemos hacer es no enfrentarnos. Al principio podemos insistir un poco, con argumentos: «Ponte la chaqueta, ¿no ves que hace mucho frío? Mamá la lleva puesta». Si no cede, le decimos que no se la vamos a poner, que saldrá sin chaqueta (pero sin enfadarnos, como si le diésemos la razón) y salimos a la calle. Enseguida se la pondrá, no solo por el frío que hace, sino también porque ya no nos lleva la contraria (ya le has hecho saber que no se la vas a poner). Ya no tiene sentido oponerse. También puede ocurrir que al salir a la calle nos demos cuenta de que no hace tanto frío y acabamos siendo nosotros los que nos quitemos la chaqueta. A veces él puede tener razón.

Otra manera de afrontar esta etapa de oposición es dejándolo que elija: «¿Quieres ponerte la chaqueta azul o la roja?». Como él ha elegido la chaqueta, ya no tendrá la necesidad de negarse a ponérsela para reclamar su autonomía. Fíjate en que no lo dejo elegir entre ponerse chaqueta o no, pues considero que en pleno invierno y con frío debe abrigarse. En cambio, le dejo escoger cuál prefiere. Es una elección plausible y así evito que se enfade.

Es importante dejar que tome sus propias decisiones (en la medida de lo posible, claro está). Se trata de dejar que elija en casa, por ejemplo, que un día decida qué postre quiere. Le podemos ofrecer dos o tres opciones. Procura que todas las opciones sean válidas para evitar negarle alguna de las que haya elegido.

Tratando este aspecto en una de las charlas que ofrezco, una madre me dijo que a ella no le funcionó. Según me contó, en una ocasión dejó elegir a su hija entre pantalón o falda. La hija eligió ponerse la falda, pero como llovía le dijo que no, que se tenía que poner el pantalón. Esto provocó una pelea entre ambas. Ten en cuenta que esta no es la idea, sino darle opcio-

Otra manera de afrontar esta etapa de oposición es dejándolo que elija.

nes plausibles y respetar su elección. A través de dejarle elegir pequeñas cosas le estamos dando a entender que lo respetamos y que tenemos en cuenta su opinión.

Es importante dejar que tome sus propias decisiones.

Fomentando la autonomía de nuestro hijo conseguiremos que no tenga la necesidad de oponerse a nosotros para reclamar su independencia, porque se la estaremos dando nosotros. Así, esta etapa de oposicionismo pasará sin más problemas.

Estas pequeñas elecciones son más importantes de lo que pensamos. En el fondo, son una manera de respetar a nuestro hijo, de darle voz y voto en ciertos aspectos de su vida. Adaptando a su edad estas decisiones y a cada etapa de crecimiento, fomentamos el respeto hacia él. Así es mucho más fácil que él te respete mañana. Tu hijo tiene derecho a ser escuchado desde el mismo día de su nacimiento.

¿Cómo pongo límites y además lo dejo elegir?

Los límites se aplican a lo que no es negociable: hábitos saludables e integridad física. Pero hay cientos de cosas que sí pueden elegir, como qué quiere de postre, plátano o pera, por ejemplo. Si tu hijo se siente respetado, tendrá menos necesidad de expresar oposición.

ADIÓS AL PAÑAL

¡Ha llegado el momento! Tenemos que ayudar a nuestro bebé a aprender a controlar los esfínteres. ¿Cómo lo hacemos?

A partir del año y medio o 2 años, antes de la ducha lo sentamos en el orinal para que se vaya familiarizando. Con un poco de suerte puede que en algún momento orine. Si sucede, debemos celebrarlo para que vea que estamos muy contentos.

En esta etapa nuestro único objetivo debe ser que se familiarice. No hay que forzar ni angustiarnos si no quiere sentarse, lo que es probable. Se debe tener paciencia.

En cambio, a partir de los 2 años nos tenemos que fijar una fecha para que deje de usar el pañal. Es mucho más recomendable hacerlo en verano porque se orinará encima constantemente. De todas formas, la indicación de edad es solo orientativa porque cada niño madura a su ritmo. Sabremos que está preparado si empieza a reconocer que se ha hecho pipí encima, si hace uso del orinal con bastante frecuencia o si pide hacerlo. El problema surge cuando en ocasiones tratamos de forzar un poco los avances, aunque no lo veamos muy preparado aún, porque sabemos que es recomendable que empiecen a ir al colegio sin pañal.

Así que elegimos una fecha y le quitamos el pañal. En ese momento empieza la etapa en la que nos pasamos el día preguntando a nuestro hijo: «¿Tienes pipí? ¿Seguro que no? Que después te lo harás encima». Seguro que a más de un padre o madre le suena.

Ideas clave

En esta etapa se debe tener en cuenta lo siguiente:

- Primero le quitamos el pañal durante el día y se lo ponemos para dormir. Es más fácil el control de esfínteres diurno que el nocturno. A veces pueden pasar unos seis meses entre que controla el primero y logra el segundo.
- Debemos estar muy atentos a los signos que indican que quiere orinar.
- Cada vez que acuda al orinal o lo pida debemos premiarlo (con una muestra de alegría, aplausos, diciéndole lo bien que lo ha hecho y lo contentos que estamos, incluso dándole una golosina en alguna ocasión).
- No debemos enfadarnos ni castigarlo nunca por haberse orinado encima. Todavía no lo controla y el castigo solo servirá para angustiarlo y hacérselo aún más difícil. Lo único que haremos es decirle que nos tiene que avisar para poder llevarlo al orinal, lo que le diremos sin mostrar enfado alguno.
- Hay que saber que el control de la caca costará más. Hay niños que no evacuan durante días, otros que nunca lo hacen en el orinal. Debemos estar atentos y nunca enfadarnos si se lo hace encima porque solo conseguiremos que no lo haga y podríamos provocarle problemas de estreñimiento. La clave es hacerle saber que la dinámica de la caca es como la del pipí (también se hace en el orinal) y mostrarle mucha alegría si lo

consigue. Ten mucha paciencia, pues tarde o temprano lo acabará aprendiendo.

- No hay que volver a ponerle el pañal bajo ningún concepto. Muchas veces, en situaciones de estrés para los niños (nacimiento de un hermano, comienzo de la guardería tras las vacaciones, separación de los padres...) se vuelven a hacer pipí pese a que ya lo tenían controlado. No debemos volver a ponerle el pañal, sino acompañarlo en esta etapa y tener paciencia. Una vez que le hemos quitado el pañal, no hay que volvérselo a poner, porque se puede confundir y tardará mucho más en aprenderlo. Recuerda que el hecho de mojarse o notarse sucio es lo que más le hace aprender. Si le pongo el pañal, le evito las consecuencias negativas y, por tanto, el aprendizaje se ralentiza.
- No es una tarea difícil. Solo hay que tener mucha paciencia (tanta como ropa de recambio, que llevaremos siempre con nosotros). También son muy útiles los orinales portátiles.
- Cuando ya lo tenga controlado durante el día, nos empezaremos a plantear quitarle el pañal de la noche. Le explicaremos muy bien que no debe hacerse pipí encima porque ya no lo llevará, aunque se lo pongamos los primeros días. Esperaremos a que pase varias noches sin mojar el pañal y se lo acabaremos quitando. Aunque se orine, no volveremos atrás. El hecho de mojar la cama le servirá de aprendizaje. Si en unos seis meses no consigue controlarlo, es conveniente consultarlo con el pediatra.

ADIÓS AL CHUPETE

Cuanto antes le quitemos el chupete, más fácil será para nuestro hijo. A los 2 años es un buen momento para hacerlo. Cuanto más se tarde, más difícil resultará.

En la actualidad muchos padres no le ofrecen el chupete a su hijo para evitar tener que quitárselo más adelante. Al fin y al cabo, el

Cuanto antes le quitemos el chupete, más fácil será para nuestro hijo.

chupete es algo que nos sirve a nosotros porque calma al bebé cuando siente la necesidad de succionar. Así no tenemos que estar constantemente dándole el pecho. He podido comprobar que esta necesidad es mucho menor en los bebés que no llevan chupete y va disminuyendo con el paso del tiempo. En cambio, si se recurre al chupete a menudo el niño lo va necesitando más. Este es un aspecto que está cambiando con el tiempo, pues recuerdo perfectamente que el chupete estaba entre las cosas imprescindibles de la cestilla que se tenía que llevar al hospital.

Hay muchas formas de dejar el chupete. La más conocida es dárselo a los Reyes Magos en la cabalgata. O decirle que ya se ha hecho mayor y que se lo podemos dar a un bebé pequeño que lo necesite. Es importante que, sea cual sea la historia que le contemos, esta sea positiva e implicar que hacemos un trato con nuestro hijo. Los Reyes Magos le darán regalos a cambio del chupete, se lo damos a un bebé porque él ya es demasiado mayor como para usarlo... Todo es positivo. No debemos decirle que se lo quitamos porque se ha portado mal o aprovechar un mal comportamiento y decirle que lo hacemos como castigo. La idea es que el niño lo viva como algo bueno.

El día que se lo quitamos es importante que nos deshagamos de todos los chupetes que tenemos. No hay que olvidar el del coche o el que se cayó detrás del sofá, porque lo encontrará. Todavía recuerdo cuando mi hijo pequeño me vino con un chupete que había encontrado perdido en su cama y me dijo: «Los Reyes Magos se han olvidado de este».

La retirada del chupete no tiene que ser gradual, sino de golpe. Ya lo consolaremos si es necesario. Y, lo más importante, una vez que se lo hayamos quitado, ya no se lo devolvemos. Como con el pañal, bajo ningún concepto hay que dar un paso atrás.

Dicho esto, solo queda elegir el día, la historia que le vayamos a contar y buscar todos los chupetes que tengamos por casa para deshacernos de ellos. ¡Nuestro pequeño ha dejado de ser un bebé!

EL LENGUAJE

Aunque hay una gran variabilidad entre los niños y cada uno tiene su propio ritmo en la adquisición del lenguaje, hay una serie de hitos que nos deben guiar para comprobar si nuestro hijo responde a un desarrollo normal del lenguaje. Veámoslos por etapas.

DE LOS 18 A LOS 24 MESES

Aunque hay una gran variabilidad, la mayoría de los niños pueden decir unas veinte palabras hacia los 18 meses y unas cincuenta o más cuando cumplen 2 años.

En torno a esta edad, lo esperable es que los niños empiecen a combinar solo dos palabras en frases muy simples, como «Bebé llorar» o «Papá grande».

Un niño de 2 años debería poder identificar objetos de uso común, los dibujos de tales objetos, indicar sus propias partes del cuerpo cuando alguien se las señala y seguir instrucciones de no más de dos pasos (como «Por favor, recoge el juguete y dámelo»).

Por lo tanto, nos toca jugar a señalar las partes del cuerpo, nombrar diferentes objetos, indicarle los animales que nombramos al leerle un cuento y dar órdenes cortas para ver si las entiende.

Para ayudar a nuestro hijo a desarrollar el lenguaje es muy importante que le hablemos como lo haríamos con un adulto, sin usar diminutivos y llamando a las cosas por su nombre (no es *chicha*, sino *carne*, no es *popó*, sino *caca*, etc.). Es importante hablarle mucho y leerle cuentos, comentar los dibujos de la tele o los de un libro. También lo es interaccionar con él constantemente y hacer que pida las cosas por su nombre, con palabras, aunque hayamos entendido lo que nos dice con gestos. Si nos señala el agua, ya sabemos lo que quiere, pero no se la daremos, sino que le diremos: «¿Qué quieres? ¿Agua? ¿Cómo se llama? Dímelo tú».

Hay que ser flexible y no obligarlo a que hable bajo cualquier

> **Para ayudar a nuestro hijo a desarrollar el lenguaje es muy importante que le hablemos como lo haríamos con un adulto, sin usar diminutivos y llamando a las cosas por su nombre.**

circunstancia. Se trata más bien de estimularlo, siempre con comprensión y recurriendo al juego más que con exigencias o mostrándole decepción si no consigue lo que esperamos.

Cada niño tiene su ritmo y, a menos que un profesional (pediatra, profesor de la guardería, psicólogo) determine que su evolución no es la debida, debemos estar tranquilos y esperar a que hable cuando le toque.

DE LOS 2 A LOS 3 AÑOS

Los padres suelen presenciar una evolución constante en el habla de su hijo. Su vocabulario se amplía considerablemente y el niño combina de forma sistemática más de tres palabras en frases cada vez más largas.

Su comprensión también mejora. A los 3 años, un niño debería empezar a entender qué significa «Ponlo en la mesa» o «Ponlo debajo de la cama», así como identificar colores y entender conceptos descriptivos (*grande* frente a *pequeño*, por ejemplo).

Si nuestro hijo va a la guardería, estaremos contando con una gran ayuda. La estimulación que recibe allí es ideal para su desarrollo, por eso considero que a partir de los 2 años los niños deben acudir a ella. Es beneficioso en muchos aspectos: reciben una estimulación adecuada a su etapa de crecimiento (también en lo que al lenguaje se refiere), se relacionan con otros niños de su edad, aprenden conceptos, experimentan con objetos, reciben estimulación musical, etc. Es una muy buena etapa de adaptación para la entrada al colegio.

Disfemia o tartamudeo

Puede aparecer entre los 2 y los 4 años. El niño está en pleno desarrollo gramatical y narrativo y su sistema lingüístico se puede ver saturado. Este tipo de tartamudez, vinculado al desarrollo, puede durar días, semanas o meses (puede durar hasta los 6 o 7 años). Todo depende del niño y de su entorno.

¿Qué debemos hacer si nuestro hijo muestra indicios de disfemia? Lo recomendable es dejarlo pasar, porque suele ser una fase pasajera. Con todo, he aquí algunos consejos:

Consejos esenciales ante indicios de disfemia

- No le muestres preocupación alguna ni lo interrumpas cuando hable. No le digas «Tranquilo» o «Respira».
- No hables de su tartamudez delante de él, aunque nos parezca que no nos entiende o no nos está escuchando.
- Háblale a menudo y sin excesiva rapidez. Hay que estimular su lenguaje y la mejor forma de hacerlo es explicándole cosas, leyéndole o contándole cuentos (es algo que siempre aconsejo, pero en este caso aún más).
- No le hagas repetir cuando tartamudee.
- Evita hacer burlas, reñirlo o castigarlo por ello.
- Es importante que el niño no tome conciencia del defecto en el habla, que lo perciba lo menos posible. Eso hará que no esté pendiente del tartamudeo y mejorará notablemente. Si, por el contrario, el niño se da cuenta (porque se burlan, porque oye a sus padres preocuparse...), estará pendiente, lo que le generará ansiedad y agravará el problema.
- No le ayudes a acabar las frases ni hables por él. Es algo que tendemos mucho a hacer para que no sufra o para que no se ponga nervioso.
- Háblale con tranquilidad, no demasiado rápido (pero tampoco es necesario hacerlo de manera forzada) y pronuncia bien.

LA COMUNICACIÓN

Como ya comenté, en los primeros meses de vida la comunicación es no verbal, por lo que debemos aprender a entender las señales de nuestro hijo para poder comprenderlo (el llanto, la sonrisa, la postura, etc.). Muy pronto identificaremos sin problema cada una de estas señales.

También nosotros debemos usar este lenguaje no verbal para comunicarnos con él. Con esto no quiero decir que no le hablemos. A lo que me refiero es que tendremos que usar mucho el contacto físico y visual. Tomarlo en brazos, acariciarlo, hacer muy visible nuestra expresión facial, responder a su llanto, etc.

A partir del año, el lenguaje es el protagonista. Procuraremos evitar usar palabras como *chicha* (en vez de *carne*) o expresiones como *a mimir* (en vez de *a dormir*). Somos el modelo de su aprendizaje, así que usaremos un lenguaje correcto.

A los 2 años la comunicación verbal empieza a aflorar. Pero ¿cómo lograr que nuestro hijo entienda lo que le queremos decir?

Es importante que no usemos un lenguaje demasiado adulto. Me refiero a una forma de expresión llena de reflexiones y explicaciones rebuscadas que el niño, lógicamente, no va a entender. Los sermones son poco efectivos.

Si queremos que nuestro hijo entienda algo, lo mejor que haremos es contarle un cuento o hacer algún tipo de juego de roles. Recuerdo que, en un momento dado, mi hijo pequeño decidió que no quería hacer caca; se negaba incluso a sentarse en el retrete. Ya habíamos recurrido a varias técnicas y le habíamos dado todas las explicaciones posibles de por qué debía hacer caca, pero nada funcionaba. Un día, tomé un muñeco que tenía y le dije las mismas cosas que le decía a él. «Ahora vamos a comer la papilla y después iremos a hacer caca, antes de ir al cole, porque, si no haces caca, te dolerá la barriga» y acompañé estas palabras de todo el ritual con el muñeco. Mi hijo respondió: «Mamá, no quiere hacer caca, no sale». Yo le dije que ahora él era la mamá y que tenía que explicárselo a su muñeco. Asumió el papel y puso al muñeco en el retrete. Desde ese día sigue la rutina perfectamente, sin ninguna negativa ni enfrentamiento. Es como si hubiera entendido la importancia de hacer caca y lo hubiese interiorizado, como por arte de magia, gracias a la magia del juego simbólico.

Muy a menudo me he inventado cuentos cuyos protagonistas se parecen mucho a él para facilitar que se identifique con el personaje: le pasan las mismas cosas y lo acaba solucionando de la mejor manera. Así aprende a solucionar un determinado conflicto.

Gracias a los cuentos y al juego simbólico, podemos hacer que nuestro hijo entienda cualquier cosa, por complicada que sea. También se pueden usar cuando tenemos que darles alguna noticia desagradable, como la muerte de un abuelo o un divorcio.

Muchas veces me han preguntado si es mejor decirle a un hijo que su abuelo ha muerto u ocultárselo. Pues bien, bajo ningún concepto debemos ocultar la verdad porque, si nadie le explica lo que ha pasado y el niño percibe que su abuelo no está y que sus padres están tristes, o que la abuela llora, y él no entiende nada, se sentirá perdido, no logrará entender lo que pasa y eso le generará más ansiedad. Así que debemos explicarle

Si queremos que nuestro hijo entienda algo, lo mejor que haremos es contarle un cuento o hacer algún tipo de juego de roles.

siempre lo que pasa, aunque sea una mala noticia. Para lograrlo no hay nada mejor que un bonito cuento.

Con el divorcio debe ocurrir lo mismo. Si no le explicamos lo que ocurre ni por qué, él sacará sus propias conclusiones, con el riesgo de que se culpe por la separación («A lo mejor es porque me he portado mal y por eso papá se ha ido»).

Recomendaciones básicas

➤ Debes saber que cada niño es un mundo.

➤ Hay que adaptarse a la etapa de crecimiento de nuestro hijo.

➤ Poner límites no solo es bueno, sino necesario.

➤ Para marcar los límites, nuestro hijo tiene que recibir instrucciones claras, breves y simples, así como hay que asegurarse de que las ha asimilado.

➤ Las normas y expectativas que debe cumplir deben ser claras y adecuadas a su edad.

➤ Es imprescindible dedicarle tiempo y ser un modelo de conducta para él.

➤ El reto es disfrutar de cada día.

➤ La paciencia, la comprensión y la tolerancia son muy importantes en esta etapa y en el resto de la vida de una persona.

➤ Hay que hacer énfasis en sus esfuerzos y en las mejoras, y no tanto en los logros.

➤ Es bueno felicitarlo cuando hace las cosas bien o cuando se ha esforzado (aunque no lo haya conseguido).

➤ Esta etapa es clave en su desarrollo. El secreto para hacerlo bien es sencillo: amor, paciencia, juego, límites y premios.

3

LA HORA DE COMER

El verdadero amor no es otra cosa que el deseo
inevitable de ayudar al otro para que sea quien es.

JORGE BUCAY

Sin duda, la hora de comer es uno de los desafíos en esta etapa de crecimiento. Si tu hijo siempre ha comido bien, ni te imaginas la suerte que tienes, porque no hay nada que genere más ansiedad en los padres que su hijo no coma de la manera adecuada.

Te sorprenderá si te digo que la mayoría de los problemas a la hora de comer los provocan los propios padres. Hacer las cosas bien desde el principio hará el camino mucho más fácil.

A partir de los 4 a 6 meses aproximadamente empezaremos a introducir alimentos: frutas, verduras, huevo... El pediatra será quien nos diga cuáles y en qué momento. Pero cómo hacerlo también es esencial.

LA PUESTA EN ESCENA

Cuando sentamos al niño en la trona, le ponemos el babero, su plato, su cuchara, etc., creamos un entorno que le está diciendo que es la hora de comer.

Durante los primeros meses de vida la rutina es muy importante para el bebé; saber qué le toca en cada momento le aporta confianza.

Por eso es importante seguir siempre el ritual: el mismo sitio, la misma trona, la misma hora.

Me he encontrado con muchos padres que me reconocen que su hijo no quiere sentarse para comer, que come de pie o se va a la habitación, que juega. Y, mientras tanto, los padres lo van siguiendo con la comida por toda la casa. Hay que saber que esta no es la mejor forma de actuar, pues lo recomendable es que el niño aprenda a comer sentado.

Sin embargo, tampoco podemos olvidar que es un niño, por lo que su capacidad de estarse quieto tiene un límite. No podemos pretender que permanezca una hora sentado mientras cena.

Te sorprenderían muchas de las historias que los padres comparten conmigo: niños que comen sentados mirando por la ventana para ver pasar a la gente, otros que solo comen con los anuncios de la televisión, por lo que hay padres que los graban para ponérselos (¡media hora de anuncios sin parar!).

Cuando estos hábitos se instauran, es muy difícil cambiarlos con el tiempo. Por eso es importante desde el principio crear buenos hábitos, pues todo resultará mucho más fácil.

EL HORARIO

Respetar los horarios de las comidas nos evitará situaciones difíciles. Si retrasamos su hora de comer, es probable que tenga sueño y acabe durmiéndose sin comer. Al principio hay que ser estricto con las horas de las comidas y poco a poco ir flexibilizándolas para acabar adaptándolas a las del resto de la familia.

Pero, si un día, por lo que sea, se te ha pasado la hora de comer y tiene más sueño que hambre, ahórrate la rabieta y deja que duerma; ya comerá después. A todos nos ha pasado alguna vez.

Hacia los 2 años el niño debe empezar a compartir las comidas en familia y, para conseguirlo, el horario del niño ya debe estar muy cerca al del adulto.

Es importante desde el principio crear buenos hábitos.

Si tiene sueño o se encuentra mal, el niño no comerá. Lo mejor en estas situaciones es no forzarlo, pues no conseguiremos que coma, pero sí que tenga una rabieta. También hay temporadas en que comen menos. Suelen coincidir con los periodos de crecimiento. Así, hay que respetar estos ciclos y no forzarlo a comer.

Si evitamos generar conflictos a la hora de comer, habremos ganado la partida. Por el contrario, si hacemos de las comidas el momento de pelear, el niño anticipará este malestar y vivirá esta situación como algo negativo. Esto puede llegar a cronificar el problema. Lo que al principio era algo puntual por sueño o cualquier otro motivo se convierte en algo crónico y genera un gran malestar en la familia.

HACER DE LA HORA DE COMER UN MOMENTO AGRADABLE

Esto va muy ligado a lo apuntado hasta el momento. Si el niño asocia la hora de comer a un momento agradable, cuando la mamá o el papá le cuenta un cuento o le canta o le explica lo que han hecho en el trabajo, le están prestando atención. El niño siempre busca la atención de sus padres y esta es nuestra mejor baza.

Si, por el contrario, asocia la hora de comer con un momento de conflicto y de ansiedad, esto repercutirá en cómo se comporte. En cuanto pongamos el plato en la mesa empezará la guerra. Si no se le pone solución pronto, el problema se mantendrá y tendremos un niño que nunca come y unos padres desbordados.

Cambiar una situación asentada es muy difícil, pero no imposible.

CUANDO EL DESASTRE YA ESTÁ INSTAURADO

En los casos en que cada comida implica conflicto, hay que tener claras dos cosas: que nada es imposible, pero que con los niños todo requiere mucha paciencia.

Lo primero que hay que hacer es escoger el momento. Al igual que cuando quieres empezar a hacer dieta, si no estás preparado, será un fracaso seguro. Con esto es lo mismo: elige el momento en el que creas que puedes hacerlo, cuando te sientas con fuerza y ganas, ha-

El niño siempre busca la atención de sus padres y esta es nuestra mejor baza.

yas aprendido e interiorizado las técnicas requeridas y cuentes con la paciencia suficiente.

Para lograrlo, sigue los pasos que indico:

1. Vuelve a asociar la hora de comer a algo agradable (evita los gritos y las discusiones). Por el momento no se trata de conseguir que el niño coma. Debemos lograr que sea un rato para estar juntos y disfrutar.
2. Léele un cuento, habla con él, préstale toda tu atención mientras come. Todo esto te ayudará a generar el clima de bienestar que necesitas.
3. Si solo ha comido dos cucharadas y dice «No quiero más», es momento de negociar: «Solo la mitad», «Solo este muñequito» (le puedes dibujar un muñeco con la comida), etc. Si es demasiado pequeño para negociar, tienes que distraerlo. Espera unos segundos antes de ofrecerle otra vez la cuchara y centra su atención en otra cosa (en un cuento, en la luz de la cocina, en el muñeco...) y vuelve a ofrecerle la cuchara. A veces llega el milagro y se la come. Pero no trates de que se lo coma todo. A veces nos excedemos con las cantidades que creemos que deben comer. No olvides que tiene un estómago pequeño. También evitaremos decirle «Venga, la última» y luego le damos cuatro cucharadas más. Es un engaño y tiene que confiar en que lo que le decimos es verdad. Si realmente queremos darle cuatro cucharadas, le diremos: «Venga, cuatro y ya está: una, dos, tres y la última».
4. Empezaremos con un nivel de exigencia bajo y poco a poco lo iremos aumentando. No podemos pretender que el primer día ya se coma todo lo que hay en el plato. Se trata de ir alcanzando pequeño logros y convertir la situación en algo que al niño le guste. Nuestro objetivo no es que coma, sino que disfrute la hora de comer.
5. Si es un niño que suele comer poco, le ofreceremos comer más a menudo, pero menos cantidad: el desayuno, una fruta o galleta a media mañana, la comida, la merienda, la cena y el

resopón o recena. Evita que pique golosinas, patatas o alimentos similares. Si el pediatra te dice que tiene buena salud, aunque coma poco, tal vez es que no necesita ingerir más cantidad. Hay niños que comen menos que los demás, lo que no es un problema. Lo he vivido en primera persona, pues mi hijo pequeño, aunque es muy delgado, está sano y ha crecido bien.

6. Para tener éxito, tienes que estar preparado para soportar que durante unos días tu hijo no coma mucho. Con todo, trata de no enfadarte por ello. ¿Serás capaz? Si la respuesta es que sí, entonces estás preparado. ¡Muchas suerte!

Recomendaciones básicas

➤ Crea buenos hábitos desde el principio.

➤ Respeta, en la medida de lo posible, los horarios.

➤ Haz de la hora de comer un momento familiar agradable.

➤ Cuando la hora de comer se ha convertido en un conflicto, centra tu atención en volver a hacer que sea un momento agradable y deja de enfocarte solo en que coma.

4

LA HORA DE IR A DORMIR

*Mi único deseo es asegurarme de que serás feliz y
tendrás una buena vida.*

ANÓNIMO

Los problemas de sueño en la primera etapa del niño es una de las consultas más frecuentes con la que nos encontramos los profesionales. No hay charla en la que no surja esta inquietud entre muchos de los asistentes, por lo que las situaciones que viven son de lo más variopintas.

Hay padres que duermen a sus hijos en brazos y en cuanto los dejan en la cuna el niño se despierta y hay que volver a empezar. Y así se pasan las noches, paseando por la casa con el bebé en brazos. Otros se lo llevan a dar vueltas en coche o en el cochecito por la casa. Los hay que lo duermen en el sofá. Podría dedicar un capítulo entero a estas anécdotas, pero todas ellas tienen algo en común: el niño no sabe dormirse solo. Este tipo de situaciones implican que no hemos generado bien el hábito de dormir y que nuestro hijo necesita del adulto o de otro estímulo para conseguirlo. Hay que recordar que el bebé ya dormía en el vientre de su madre y no necesitaba nada para hacerlo, solo sentirse caliente y seguro.

La puesta en escena en este caso es tan importante como en el de la comida. Como he comentado en el capítulo anterior, cuando vas a darle la comida, entran a escena la

**El niño no sabe
dormirse solo.**

trona o su silla, sus platos, la misma hora... Se trata de una rutina que le dice al niño que le toca comer. Pues la hora de ir a dormir tiene que ser igual. Debemos seguir un ritual que avise al niño de que le toca irse a dormir: el baño, el cuento, su habitación, su cuna, su peluche, darle el pecho, etc. Todos estos estímulos son los que le dirán que se acerca la hora de ir a la cama. La rutina, una vez más, será nuestra aliada. Cada progenitor tiene que darle forma a la que mejor le vaya, pues cada familia es un mundo. Eso sí, para que sea una rutina, debe ser cada día la misma.

He reflexionado mucho sobre por qué el sueño de nuestro hijo genera tantos problemas. Creo que, al menos en parte, se debe a una incomprensión de lo que implica el sueño infantil y a la inseguridad que muestran los padres sobre cómo actuar. Tratemos estos dos aspectos con mayor profundidad.

FASES DEL SUEÑO EN LA INFANCIA

Como es evidente, el sueño infantil no es igual que el de los adultos. A ningún padre se le pasan por alto los ciclos cortos de sueño que tiene su hijo en los primeros meses de vida, en los que la noche y el día no se diferencian, por lo que se despiertan cada dos o tres horas. Es un sueño bifásico —fase IV y REM— de corta duración.

Ya sabemos, porque los pediatras nos lo dicen constantemente, que nuestro bebé debe dormir con frecuencia y que debemos respetar estos ciclos.

Los circuitos neuronales implicados en el ciclo de sueño y vigilia aún están inmaduros, así que debemos favorecer su desarrollo diferenciando entre el día y la noche. De día lo dejaremos dormir con luz natural y en el lugar de la casa donde se encuentre el resto de la familia, sin tratar de evitar los ruidos. En cambio, de noche respetaremos el descanso y lo dejaremos en su habitación a oscuras y en silencio.

Debemos seguir un ritual que avise al niño de que le toca irse a dormir.

A los 7 meses aproximadamente, nuestro hijo deberá dormir más horas seguidas por la noche y solo un par de siestas largas durante el día. Y, al año, dormirá toda la noche y solo una siesta durante el día. A estas alturas el sueño ya es muy similar al del adulto, es decir, consta de las cinco fases del sueño: fases I, II, III, IV y REM. Las dos primeras son las que aparecen cuando nos vamos a dormir, son muy superficiales y en ellas la persona puede despertarse con facilidad. Las dos siguientes son las más reparadoras y profundas, en las que aparecen un tipo de ondas cerebrales llamadas *delta*, o también *ondas lentas*. En estas fases se consolidan los aprendizajes y la memoria, por eso es importante que los niños duerman más horas que el adulto. La fase REM se caracteriza por unos movimientos oculares rápidos. En ella podemos ver a la persona que duerme moviendo los ojos, que mantiene cerrados, con rapidez. Esta es la fase en la que se producen los sueños. Si despertamos a alguien en esta fase, recordará el sueño. Solemos pasar por los cinco ciclos completos cada noche.

Las necesidades de nuestro hijo cambian rápidamente durante esta etapa, hasta que consiguen tener un sueño similar al del adulto. Así, como padres debemos saber darles respuesta a las situaciones a las que nos enfrentaremos y saber adaptarnos a cada una de ellas. No vamos a actuar de la misma manera en los primeros meses del bebé que durante el segundo año.

En los tres primeros meses de vida, el apego y el contacto físico son vitales para el desarrollo de nuestro hijo. Por eso es importante atenderlo cuando llora y tomarlo en brazos. Es conveniente empezar a dejar que se duerma solo en su cuna, pero esto no significa que no lo calmemos en brazos si llora. En esta etapa, el vínculo es muy importante y hay que priorizar el contacto con los padres.

A partir de los 6 meses podemos empezar a crear un buen hábito de sueño para prevenir problemas en el futuro. Deberíamos intentar que empiece a dormir solo en su cuna y, si se despierta y llora, lo atendemos siempre, pero intentando no sacarlo tanto de la cuna. También puedes dormirlo en brazos dándole el pecho, pero entonces es probable que necesite a la madre para dormirse y no pueda hacerlo con el padre, los abuelos u otro cuidadores. Lo importante es entender que estamos generando hábitos y, por lo tanto, no recurrir en exceso a aquello que no queramos que acabe convirtiéndose en costumbre.

No hay que desesperar. Recuerda que tu bebé no distingue la noche del día y, por lo tanto, a veces se despertará por la noche con ganas de jugar. No esperes dormir seguido el primer año de vida de tu hijo. No pasará. Y no es porque no sepa dormir o porque quiera fastidiar o porque lo hayas hecho mal. Simplemente es lo habitual.

Dormir toda la noche tampoco significa que no te despiertas nunca. En el sueño adulto es normal que uno se despierte cinco o seis veces por la noche (en cada cambio de fase del sueño). También es necesario para hacer cambios de postura.

De todas formas, el niño se puede despertar de dos maneras diferentes. Por un lado, cuando quiere agua o el chupete y se acaba despertando por completo (lo normal es un máximo de tres veces en un niño de 2 o 3 años). Por otro, cuando no llega a despertarse por completo y tan solo cambia de postura en la cama, al igual que el adulto, y enseguida se vuelve a dormir.

Si el niño ha aprendido a dormirse solo y cuando abre los ojos se encuentra en su cama con las cosas que relaciona con el sueño, se volverá a dormir sin molestar a los padres. Pero, si no ha aprendido a dormirse solo, cada vez que se despierte nos llamará y tendremos que volver a poner en marcha el ritual (dormirlo en brazos paseando por toda la casa, sacar el coche para que se duerma a las tres de la madrugada, agarrar el cochecito y dar ochenta vueltas en el pasillo...). Si esto se repite a menudo por la noche, acabaremos con el sueño muy afectado.

Hemos de entender que el sueño, durante toda la infancia, no es lineal ni perfecto. Nuestro hijo nos dará malas noches cuando se encuentre mal, cuando empiece la guardería, cuando empiece a padecer miedos, cuando esté en la etapa de la ansiedad por separación. En todos estos casos, vamos a tener que dar respuesta e ir frecuentemente a su habitación cuando ya duerma allí. En estos momentos es cuando hay que ser constante, saber que llevarlo a tu cama porque se encuentra mal está bien, pero cuando el paracetamol ha hecho su efecto podemos volver a llevarlo a su cama (o bien dejarlo que duerma esa noche con nosotros, pero no la siguiente). Esto da más trabajo a los padres, pero implica dar respuesta a su necesidad mientras se sigue creando un buen hábito. A veces, lo que más trabajo da es precisamente lo que hay que hacer.

Si estamos cansados y lo dejamos en nuestra cama una noche, no es el fin del mundo. Se trata de que dormir con los padres sea la excepción y no la regla. Si nuestro hijo ha adquirido un buen hábito de sueño, podremos hacer excepciones sin miedo a romperlo. Eso sí, debemos ser constantes y cuando ya no esté malo tendrá que volver a dormir solo.

Es importante estar preparado para esto, por lo que saber que todos los padres pasamos por estas etapas ayudará. En los encuentros con los padres, siempre comento que el día que alguien me diga «Mi hijo duerme bien siempre, nunca hemos tenido problemas» será el día que me preocupe por la estabilidad emocional de ese niño, porque, o los padres no lo oyen por la noche, o el niño no expresa sus necesidades.

Lo normal es que en la infancia el sueño sea cíclico, con etapas mejores y peores. Lo importante será la reacción de los padres. Unos padres preparados y concienciados sabrán dar respuesta a estos ciclos, sabrán que deben atender a su hijo sin dejarlo llorar innecesariamente, pero se mostrarán firmes ante el hecho de dormir cada uno en su cama. Firmes, no intransigentes.

Aún a riesgo de parecer repetitiva, insisto: crear buenos hábitos desde el principio nos va a evitar muchos problemas en el futuro.

EL COLECHO

Mucha gente se pregunta si es bueno hacer colecho. Para frustración de algunos, hay preguntas que no tienen una respuesta sencilla y definitiva. Esta es una de ellas.

El colecho es una práctica bastante habitual hoy en día. No lo era tanto cuando mis hijos eran pequeños. Incluso algunas cunas para los primeros meses están pensadas para esta práctica. Yo la habría comprado sin dudarlo si las hubiesen vendido en mi época; así no tienes que levantarte constantemente.

Para los primeros meses de vida, es buena idea tener una cuna así porque puedes hacer colecho

Crear buenos hábitos desde el principio nos va a evitar muchos problemas en el futuro.

sin el riesgo o la incomodidad que puede suponer tenerlo en medio de la cama.

Pero el colecho no puede durar para siempre. Las necesidades de los niños cambian y lo que precisan los primeros meses no es lo que necesitan a los 2 años. Debemos ir avanzando desde el fuerte vínculo que requieren al nacer a la autonomía que requerirán después.

Si haces colecho, también debes dejar de hacerlo en algún momento. Yo recomendaría no alargarlo más allá del año y medio o los 2 años. A partir de esa edad podemos hacernos con una cama baja para que puedan ser autónomos y subir y bajar. Es verdad que vendrá cien veces a nuestra habitación por la noche. Las primeras noches necesitaremos armarnos de paciencia, hasta que nuestro hijo se acostumbre a dormir en su nueva cama. Serán noches de ir y venir, de nuestra habitación a la suya. No hay atajos. Es el camino que debe seguirse y todos los padres lo hemos andado, aunque algunos no lo cuenten. No hagáis nunca el cambio de cama cuando coincida con otro hito vital del niño. Si en septiembre empieza a ir a un colegio nuevo, no cambiaremos también de habitación en ese momento. Cada cambio requiere un periodo de adaptación y no debemos solaparlos. Como mínimo deben pasar entre tres y seis meses para introducir uno nuevo.

Hay padres que afirman que les gusta dormir con su hijo en la cama, que no les importa. ¿A qué padre no le gusta abrazarse con su hijo en la cama? Son momentos muy bonitos, pero puedes tenerlos sin necesidad de dormir todas las noches juntos: antes de iros a dormir, cuando le cuentes o leas el cuento, al levantaros. Todas ellas son oportunidades en las que podemos disfrutar de un momento de «todos juntos en la cama», incluso a diario. Si queréis, podéis dormir alguna siesta juntos el fin de semana. Pero la norma, a partir de los 2 o 3 años, debe ser que cada uno debe dormir en su cama.

El colecho no puede durar para siempre.

¿Por qué a partir de los 2 o 3 años debe dormir en su cama?

- Cada miembro de la familia tiene un papel y un sitio. Dormir todos en la misma cama hace confundir los papeles (véanse los límites). En los primeros meses o años esto no ocurre, pero, cuando el niño crece y cumple 4, 5 o 6 años, puede hacer que confunda los papeles y no respete la autoridad que les debe a sus padres.
- Aprende a dormirse solo.
- Lo hacemos autosuficiente. Cuando llegue a la edad en que quiera dormir en casa de un amigo o familiar, nuestro hijo no podrá hacerlo porque dependerá de nosotros para dormir.
- Se evitan los trastornos del sueño.
- Si el problema se cronifica, cuando el niño sea mayor será imposible dormir todos en la misma cama. Entonces, habrá que decidir quién se va. Normalmente uno de los padres es el que se acaba yendo a dormir a otro sitio.
- El problema reaparecerá cuando el niño se vaya por primera vez de colonias.

Si piensas que no te importa que tu hijo duerma con vosotros, lo que debes preguntarte es si realmente le estás ayudando a crecer y a hacerse una persona segura de sí misma e independiente. ¿Quién pierde con esta decisión?

CUANDO EL DESASTRE YA ESTÁ INSTAURADO

Si cualquiera de los ejemplos anteriores es vuestro caso, si vuestro hijo no se puede dormir solo y pasáis las noches en vela, si vuestra relación de pareja está deteriorada o no existe y os quedáis dormidos en el metro, ha llegado el momento

Debemos ir avanzando desde el fuerte vínculo que requieren al nacer a la autonomía que requerirán después.

de que decidáis si queréis cambiar la situación. Quiero aclarar que las siguientes recomendaciones son solo para los casos en los que se ha generado un mal hábito de sueño que no os deja descansar, como puede ser tener que dormir a vuestro bebé paseando en coche o con el cochecito a las tres de la mañana. Son hábitos que requieren mucho esfuerzo por parte de padres que no logran sin ellos hacer que el bebé concilie el sueño.

Si es tu caso, a continuación te dejo una guía que te puede ayudar en este arduo proceso.

Consejos para enmendar un mal hábito de sueño

- Como en el caso de la comida, en primer lugar hay que saber elegir el momento. Se debe estar preparado para noches en vela y llantos. Os hará falta armaros de paciencia.
- El cambio tiene que ser paulatino. Si siempre lo habéis dormido en brazos, no hagáis el cambio a su cuna de la noche a la mañana. Sea cual sea el hábito que vuestro hijo ha adquirido, hay que desacostumbrarlo poco a poco.

  Hay que tomarlo en brazos y calmarlo; solo cuando esté tranquilo, irá de vuelta a la cuna. Cada vez tendrá que ser menor el tiempo que lo tengamos en brazos y, una vez que lo dejemos en la cuna, no volveremos a sostenerlo. Una pauta podría ser la siguiente: cinco minutos en brazos y a la cuna, e ir a verlo cada vez que llore. Al final se dormirá.

  Al siguiente día lo tendremos tres minutos en brazos y a la cuna. El siguiente, dos minutos en brazos y a la cuna, y así hasta dejarlo en la cuna directamente. A partir de entonces, no necesitará que lo tomen en brazos.

- Debemos ser firmes: una vez que empecemos el proceso, no volveremos atrás. Un pequeño desliz implicará tener que empezar de cero. Todo lo que hayamos conseguido hasta ese momento se irá al traste. Por eso es tan importante tener claro desde el principio que, una vez que se empieza, no podemos hacer ninguna excepción durante el proceso de adquisición del hábito.

- Debemos aguantar el llanto. Cuando lo dejemos en la cuna, llorará. Iremos a calmarlo, no dejaremos que llore sin atenderlo. Le hablaremos o cantaremos hasta que se calme. Intentaremos no tomarlo en brazos para dormirlo. La consigna es que una vez que está en la cuna ya no debe salir. Iremos las veces que haga falta e intentaremos calmarlo hablándole suave, cantándole una nana, contándole un cuento y, cuando nos vayamos, le diremos «Buenas noches» para que sepa que nos vamos. Al principio podemos quedarnos en la habitación hasta que se duerma, pero pronto lo podremos dejar despierto y que vea que nos vamos. Nada de tratar de salir sin que nos vea. Hay que conseguir que se duerma solo.

Si seguimos todos los pasos y somos constantes, lo conseguiremos. Durante el proceso debemos ser intransigentes, es decir, hasta que el hábito no esté bien adquirido no podremos hacer excepciones.

Siempre que algún padre me dice que no lo ha conseguido suele ser porque en algún momento se ha saltado alguna de las consignas. Por tanto, hay que ser firme.

Nuestro hijo tiene que entender que es la hora de ir a dormir y que se hace en la cuna (o en su cama). Estamos ahí para lo que necesite, pero debe dormir solo. Este es el mensaje que le transmitiremos y tiene que ver que lo tenemos claro, que se hace así. Solo entonces lo entenderá y será cuando, como por arte de magia, acabará durmiendo solo en su habitación.

¿Verdad que no se nos ocurriría bañarlo con ropa? Antes del baño siempre se la quitamos, lo que nuestro hijo da por hecho. Seguro que no llora porque quiere que lo bañemos vestido. Ni siquiera se le ocurre, porque nunca lo hemos hecho. Pues con el sueño debemos hacer lo mismo. Tenemos que transmitir la misma seguridad: se duerme en la cuna y no hay otra opción válida. Y para transmitir

Si siempre lo habéis dormido en brazos, no hagáis el cambio a su cuna de la noche a la mañana.

La paciencia y la constancia serán nuestras mejores aliadas.

esa seguridad debemos convencernos. Por eso los primeros que debemos estar preparados somos nosotros.

EL CAMBIO DE LA CUNA A LA CAMA

Tarde o temprano vamos a tener que hacerlo. Algunos lo afrontan al año y medio, otros a los 2 años, incluso a los 3. Depende de la cuna y de lo grande que sea el bebé.

Sea cuando sea, es un cambio difícil porque nuestro hijo se dará cuenta de que puede levantarse e ir a ver qué hacen los padres en el comedor, lo que es muy divertido.

Pero a nosotros nos toca la parte menos divertida. Hemos de acompañar a nuestro hijo a la cama una y otra vez, diciéndole que es hora de irse a dormir y que no debe levantarse. Si somos constantes, en una semana se habrá acabado este ir y venir constante y nuestro hijo se habrá acostumbrado a su nuevo lecho.

Como siempre, la paciencia y la constancia serán nuestras mejores aliadas. También es importante tener en cuenta a la hora de introducir cambios que estos no deben coincidir, como ya he comentado. Por ejemplo, si va a empezar en septiembre la guardería o el colegio, o si acabamos de quitarle el pañal, no haremos el paso de la cuna a la cama ese mismo mes, lo que dificultaría el proceso. Los cambios, siempre, de uno en uno.

Espero sinceramente que este capítulo ayude a muchos padres a volver a dormir plácidamente por las noches.

Conclusiones

El sueño del bebé pasa por varias etapas durante sus primeros tres años de vida. Lo que necesita los primeros meses no es lo que necesitará a los 2 años.

Es importante que entendamos que dejarlo llorar en la cuna no es enseñarle a dormir. Recordad que el llanto es la única manera que tiene de expresar sus necesidades. A veces puede ser hambre; otras, dolor de barriga; otras, miedo (aunque los miedos son más frecuentes a partir de los 3 años); otras, reacción a algún cambio del entorno o ansiedad por separación. Sea cual sea el motivo, hay que atenderlo.

Está claro que, en el primer año de vida, el apego y el contacto físico son muy importantes. Por eso lo más indicado es atenderlo, tanto si hacéis colecho como si duerme en su cuna. Debemos darle el entorno seguro que necesita para tener un buen sueño, como lo tenía en el vientre de la madre.

Para que no se instaure un mal hábito es mejor evitar dormirlo dándole vueltas en coche o en el cochecito por la casa. Estos hábitos van a jugar en nuestra contra porque requieren un gran esfuerzo por nuestra parte y nosotros también necesitamos descansar. Por eso a partir de los 6 meses o 1 año debemos empezar a crear un hábito de sueño saludable. Aunque al principio nos suponga más trabajo porque tengamos que ir mil veces a su cuna o a su cama, a la larga lo agradeceremos.

Debemos entender también que a veces el bebé tiene tanto sueño que se pone nervioso y no puede conciliarlo, o tiene hambre y sueño y no sabe bien qué le ocurre. También son frecuentes las molestias gastrointestinales en los primeros meses. Cualquier cosa puede perturbar su sueño y el nuestro. Solo nos queda acunarlos y calmarlos, así como ser pacientes, porque todo se acaba pasando.

Si nosotros nos ponemos muy nerviosos, alteraremos a nuestro hijo. Recordad que son pequeñas esponjas para las emociones. No podemos esperar dormir más de dos o tres horas seguidas los primeros meses. A partir del año esto mejora. Y a los 3 años lo tendremos casi superado. Os lo prometo.

5

¿Y AHORA QUIÉN LO CUIDA? LA GUARDERÍA

Nunca antes di tanto sin esperar nada a cambio,
Solo un beso, solo eso.
Nunca antes quise tanto en tan poco tiempo.
En un instante, solo en eso.
Tu nacimiento fue también el mío
Y comprendí que mi vida era tuya
Y la tuya era mía.
Estamos unidos de esta forma:
Tú naciste para llenar mi vida
Yo, para entregarte la mía.

MIREIA NAVARRO

Cuando el permiso por paternidad llega a su fin, se nos presenta el gran dilema: ¿quién lo cuida?

En gran medida, esto depende de las posibilidades de cada familia, de si se puede dejar con los abuelos, con un canguro o en la guardería.

En nuestro país, este momento llega demasiado pronto y el bebé se queda sin su figura de apego muy temprano. En la medida de lo posible, hay que intentar estar el máximo tiempo con él (reducción de jornada, combinar los horarios del padre y los de la madre, entre otras opciones), pero esto no siempre es posible.

A mi primer hijo lo dejé a tiempo completo en la guardería desde que tenía 5 meses. No ha tenido consecuencias negativas. Es decir, ningún padre debe sentirse culpable si tiene que dejar a su hijo pronto y no vamos a generar ningún trauma que lo marque para siempre.

En los primeros meses de vida, el niño se quedará tranquilo con cualquier adulto que cubra sus necesidades básicas: comida, sueño y afecto. Hasta los 8 meses, aproximadamente, el bebé no es capaz de experimentar lo que llamamos *ansiedad por separación*. No sufre por el hecho de que sus padres se alejen de él. Por lo tanto, podemos dejarlo con los abuelos, en la guardería, con un canguro, etc., con total tranquilidad. Eso sí, lo recomendable es que sea gente de confianza.

En la etapa que abarca de los 8 a los 12 meses, vamos a ver que nuestro hijo experimenta un cambio. Es el momento en que suele aparecer la ansiedad por separación y se pone nervioso cuando sus padres se van. En algunos niños aparece más tarde y otros niños casi no la experimentan. Esto depende en parte de la personalidad del bebé, pero también de la reacción que mostremos los padres o del tipo de apego que tengamos con él. Si vivimos esta situación con ansiedad y con sentimiento de culpa, se lo vamos a transmitir a nuestro hijo, empeorando más su reacción.

La ansiedad por separación es una etapa adaptativa normal del desarrollo que suele aparecer entre los 8 y los 36 meses de edad. No debe preocuparnos, siempre y cuando no sea exagerada, como que el niño se niegue a ir a ningún sitio sin sus padres, tenga pesadillas recurrentes, muestre una preocupación excesiva o se prolongue mucho en el tiempo.

Si se sospecha que es más grave de lo habitual, lo mejor es hablar con un psicólogo porque podría sufrir un trastorno de ansiedad por separación. Pero lo habitual es que se trate de una etapa que acabará pasando sin mayores consecuencias y que podría repetirse en situaciones de estrés, como cuando empiece a ir a la escuela, se separe de los padres por un tiempo determinado, etc.

¿Quién no ha presenciado la típica escena en la guardería del niño llorando agarrado a la pierna de su madre? ¿O de los padres que salen corriendo en cuanto el niño se despista, cual ladrón que huye de la policía? Son situaciones difíciles que nos ponen al límite y nos hacen sufrir.

En los primeros meses de vida, el niño se quedará tranquilo con cualquier adulto que cubra sus necesidades básicas.

> ## Pautas que pueden ayudar a nuestro hijo a gestionar la separación temporal
>
> - Despídete de él siempre de manera cariñosa, pero hazlo rápido y sin expresar angustia o sufrimiento. No llores delante de él.
> - Cuando nos despidamos, debemos irnos y no volver, aunque se quede llorando.
> - Explícale que nos vamos a trabajar y volveremos por la tarde (adapta la explicación a la edad del niño). Aunque al principio no lo entienda, poco a poco verá que siempre acabamos volviendo, por lo que se tranquilizará.
> - Practica la separación. En las guarderías suelen hacer un periodo de adaptación que ayuda mucho en este sentido. Al principio los niños van un día durante una hora con uno de los padres, al día siguiente van solos una hora, el tercer día se quedan dos horas y el resto de la semana van de nueve al mediodía; a partir de entonces ya siguen el horario normal. Si lo dejas con un abuelo o cuidador, lo mejor será que lo vayas haciendo a intervalos de tiempo cada vez mayores para que el niño se vaya habituando y, así, cuando llegue el momento de dejarlo todo el día, ya conocerá bien a la persona y el entorno y se habrá acostumbrado a estar sin sus padres.

LA GUARDERÍA

Como ya he comentado anteriormente, a partir de los 2 años es muy recomendable que vaya a la guardería. Principalmente, por tres motivos: estimulación, autonomía y relación con iguales.

ESTIMULACIÓN

La estimulación que recibe en la guardería es constante. Desde que entra realiza actividades que despiertan su curiosidad y aprende sin parar. Aprende los colores, las formas, los números, a ordenar obje-

La estimulación que recibe en la guardería es constante.

tos, el tiempo, quién ha venido a clase y quién no, entre una infinidad de cosas más.

Toda esta estimulación que un niño necesita a partir del año y medio o 2 años no se puede dar en casa porque no se tiene el tiempo ni los medios ni la formación para hacerlo. Por esto, es importante para el desarrollo de nuestro hijo que vaya a la guardería en la medida de lo posible.

Habrá familias que no podrán permitírselo. No es grave. Lo único que habrá que hacer es esforzarse por estimular al niño todo lo posible y procurar que realice actividades como pintar, experimentar con objetos, contar cosas, distinguir los colores. Hay que hacer lo posible para que el niño tenga a su alcance todo lo necesario para aprender.

AUTONOMÍA

La autonomía es una de las cosas que más se trabaja en la guardería. Los niños comen solos, colocan su toalla en el colgador que les corresponde, el vaso en la bandeja, se quitan y ponen los zapatos. Se esfuerzan mucho en enseñarles a ser autónomos e independientes porque saben la importancia que esto tiene para su desarrollo.

Como ya comenté en las líneas dedicadas a la autoestima, que se sienta capaz de hacer las cosas es muy importante y llena de orgullo al niño. Por lo tanto, tenemos que fomentar su autonomía e independencia, por mucho que nos cueste verlos crecer tan rápido.

Cuando vaya a la escuela, el niño debe saber vestirse y comer solo, quitarse los zapatos, abrocharse la bata. Todo esto hará que su adaptación sea mucho mejor.

Sin embargo, hay muchos casos en que el niño come solo en la guardería, pero en casa siempre le dan de comer los padres. Y es que, muchas veces, con las prisas, no dejamos que cene solo o se ponga los zapatos por la mañana porque creemos que no acabaríamos nunca. En cambio, en la guardería dedican tiempo y paciencia a todos estos aprendizajes.

Una vez más, las familias que no llevan a su hijo a la guardería pueden fomentar perfectamente la autonomía de su hijo en casa sin ningún problema; solo hay que dedicarle tiempo y esfuerzo.

A partir de los 2 años, el niño empieza a forjar bien su identidad y necesita reivindicar su independencia.

Tenemos que fomentar su autonomía e independencia, por mucho que nos cueste verlos crecer tan rápido.

Por eso es tan importante fomentar la autonomía en este periodo, porque, si no le damos la oportunidad de tomar decisiones, de hacer cosas solo, de sentirse capaz, lo buscará de otra manera, oponiéndose a lo que dicen los padres mediante rabietas: «No me quiero poner la chaqueta», «No quiero estos zapatos», «No quiero ir de la mano»... Estos son solo algunos ejemplos propios de la etapa del oposicionismo.

Todo esto puede mejorar mucho si le ofrecemos la oportunidad de elegir: «¿Quieres estos zapatos o estos?», «¿Vas de la mano o te agarras al carro?», «¿Quieres yogurt o plátano de postre?» Se trata de pequeñas elecciones que ellos pueden hacer en su día a día que lo harán sentir independiente, mayor y orgulloso.

Eso sí, tienen que ser elecciones guiadas por los padres y todas ellas válidas y realizables. Lo que no podemos hacer es darle la oportunidad de elegir y luego decirle que no a lo que decida, que nada de plátano de postre —pese a habérselo propuesto— porque ya se ha comido uno al mediodía. Si no queremos que coma plátano, ya no se lo ofreceremos como opción. Elija lo que elija, tendremos que darle la opción por buena.

Saber la importancia que esto tiene para nuestro hijo hará que estemos atentos y fomentaremos la autonomía en su día a día. Dejar que elija, que se vista solo, que se coma el postre por sí mismo, que lleve la ropa sucia al cubo, que ayude en la cocina, que elija su cuchara, entre una gran cantidad de oportunidades de elección y de pequeñas responsabilidades que podemos ofrecerle cada día.

RELACIÓN CON LOS IGUALES

La relación con iguales es otro de los aspectos que más se trabajan en la guardería. Cada día durante varias horas comparte espacio y tiempo con niños de su edad. Esto, en casa, no es posible.

Así aprende a relacionarse, a solucionar conflictos, a compartir. Con mucha frecuencia te encuentras con que a tu hijo le han mordido o ha sido él quien le ha pegado a un compañero. Es su manera de expresar la frustración cuando alguien le quita un juguete y es la mejor situación en la que se le puede enseñar una conducta alternativa a la agresión. Estos conflictos son imprescindibles para que nuestro hijo aprenda a relacionarse, a compartir, a solucionar diferencias, a expresar su enfado, etc.

A las familias que no lleven a su hijo a la guardería les recomendaría que vayan al parque cada día para que se relacione con otros niños de su edad o que lo lleven a casa de otros familiares a pasar la tarde. En definitiva, que le ofrezcan momentos de relación con iguales.

Conclusiones

Dejar a nuestro hijo al cuidado de otra persona no es fácil porque nos sentimos culpables y no queremos separarnos de él cuando es muy pequeño.

Tenemos que afrontar de manera adecuada estos sentimientos para no transmitírselos a nuestro hijo. Porque él no tiene la capacidad de saber si esta nueva situación es buena o es mala, pero sí la de ver que sus padres no la viven con agrado y, por lo tanto, intuir que no debe de ser muy buena.

Así que debemos esforzarnos por transmitirle tranquilidad y confianza en esta nueva etapa de su vida, cuando se separa de sus figuras de apego y amplía su entorno conociendo a nuevas personas que muy pronto se convertirán también en figuras de apego para él.

Sé que es una de las partes más difíciles para los padres en esta primera etapa. Cortar el cordón umbilical no es fácil, pero debemos hacerlo lo mejor posible para que nuestro hijo se adapte bien a la nueva situación.

De
3 a 9
años

6

GESTIÓN EMOCIONAL

Es increíble cómo alguien tan pequeñito puede hacer sentir algo tan gigantesco.

MAGALI SAUCEDA

Empecemos con una pincelada de teoría. Para el psicólogo Daniel Goleman, el término «emoción» alude a un sentimiento y a los pensamientos, los estados biológicos, psicológicos y el tipo de tendencias a la acción que lo caracterizan. Existen numerosas emociones, así como múltiples matices y variaciones. Tras realizar un estudio transcultural, Paul Ekman, de la Universidad de California, describe las emociones en términos de grandes familias o dimensiones básicas que reconocen todas las culturas y son representativas de los infinitos matices de la vida emocional. Estas serían la ira, la tristeza, el miedo, la alegría, el amor o la vergüenza, entre otras.

Todos conocemos las emociones, todos las experimentamos, pero no todo el mundo les da la importancia que verdaderamente tienen. Nuestro cerebro más primitivo es el que gestiona las emociones. Son las que nos dicen si un hecho es importante y hay que grabarlo en la memoria para siempre o si no merece la pena dedicarle nuestro tiempo, si debemos huir de una situación porque es peligrosa o no. Esta parte de nuestro cerebro es rápida, trabaja de manera casi inconsciente y está directamente conectada con la parte más racional y más reciente en términos evolutivos.

Una emoción es una reacción psicofisiológica que aparece ante un estímulo determinado importante para la persona. A nivel psicológico, la emoción altera la atención y la memoria. A nivel fisiológico, se organizan respuestas básicas al activar el sistema endocrino y el sistema nervioso autónomo con objeto de dar una respuesta efectiva. La emoción te prepara para la acción.

No voy a profundizar en las bases antropológicas y biológicas del cerebro. Pero sí quiero que sepáis que su funcionamiento es muy importante, la base de nuestro comportamiento y de quiénes somos.

Así que no os sorprenderá si os digo que a nuestro hijo las emociones lo acompañan en su repertorio genético desde que nace, al menos las emociones básicas, que luego ampliarán e identificarán con el aprendizaje durante su desarrollo.

Hay básicamente tres tipos de emociones:

1. **Primarias:** felicidad, ira, miedo, tristeza y asco. Son las que llevamos en nuestro repertorio al nacer. Su función es la supervivencia de la especie.
2. **Secundarias:** orgullo, vergüenza, estrés, celos, culpa y envidia. Aparecen entre los 2 y los 12 años. Involucran la autoestima y el sentido de justicia.
3. **Ambiguas:** sorpresa, esperanza y compasión. Aparecen a los 10 años. Ayudan a reconducir las acciones.

En mi práctica clínica con personas con trastornos mentales severos, pude ver cómo la mayoría de mis pacientes no sabían identificar emociones básicas en fotos de rostros (método que usamos muy a menudo los psicólogos para trabajar la identificación de sentimientos y emociones). En la base de la empatía se encuentra la capacidad de reconocer las emociones en los demás.

Las emociones infantiles se han estudiado desde que en 1872 Darwin determinara, tras un estudio transcultural, que los seres humanos tienen un repertorio innato y universal de expresiones faciales concretas y que, además, los bebés dotan de significado a estas expresiones por medio de un mecanismo de reconocimiento.

Investigaciones más recientes indican claramente que desde muy pronto el bebé manifiesta y reacciona a tres emociones básicas, alegría, angustia y enfado, y que se muestra incómodo y desconcertado cuando la persona que se encuentra frente a él permanece inmóvil y sin expresar ningún tipo de emoción.

El bebé manifiesta y reacciona a tres emociones básicas: alegría, angustia y enfado.

No considero necesario extenderme más, pues creo que queda clara la importancia que tienen las emociones. Por eso mismo les dedico el capítulo 6 del libro.

En resumen, la inteligencia emocional es la capacidad que tenemos para identificar las emociones propias y las de los demás —esto lo hacemos a fin de asimilarlas y entenderlas—, así como la destreza de modificarlas y regularlas.

Además, venimos al mundo dotados de las emociones básicas para empezar a relacionarnos con nuestro entorno.

Tras la teoría, pasemos ahora a la práctica. En los primeros meses de vida, la comunicación más importante es la no verbal: gestos, caricias, besos, tomarlo en brazos. Sin embargo, no olvidemos que, aunque el bebé no entienda el lenguaje verbal, sí que comprende perfectamente la entonación.

Por lo tanto, debemos hablarle en tono suave, también al oído, y hacerlo a menudo. Esto ayuda mucho. Es la manera que tenemos de que nuestro hijo se sumerja en el mundo de las emociones, a través de las expresiones faciales de los padres, la entonación. Todo esto le llega. Recordad que son pequeñas esponjas de nuestras emociones.

En los primeros meses de vida es esencial:

- Acariciar, acunar, besar y abrazar.
- Tomarlo en brazos y disfrutar del contacto físico.
- Hablarle en tono suave y contarle cuentos.
- Gesticular de manera clara para que vea nuestra cara de alegría, de tristeza...
- Sonreírle.

Hay estudios que demuestran que los niños que establecen una comunicación positiva con sus padres poseen un apego seguro, acaban siendo niños abiertos y muy comunicativos. Por el contrario, aquellos cuyos padres son menos comunicativos o han jugado menos con ellos son más miedosos, retraídos y poco comunicativos.

¿No os habéis fijado nunca en los cuentacuentos infantiles, cómo gesticulan, cómo se expresan de manera exagerada y cómo todo eso les encanta a nuestros hijos? Pues eso es lo que debemos hacer en casa.

A partir del primer año, podemos ir más allá con las emociones:

- Enséñale a nombrar sus sentimientos y emociones: alegría, tristeza, miedo. Puedes ayudarte de dibujos o cuentos: «¿Ves? Bambi está triste y llora», «Mira cómo se ríen y qué bien que se lo pasan».
- Muéstrale los gestos relacionados con los sentimientos. Así comenzará a reconocerlos en otras personas y desarrollará la empatía. Podéis jugar a poner cara de enfado, de felicidad, de alegría, de pena, etc.
- Ayúdale a reconocer y afrontar su estado de ánimo: «Estás enfadado porque no nos quedamos más rato jugando, pero tenemos que irnos». Así le pone nombre a lo que siente y aprende a identificarlo: «Puedes dibujar caras de enfado o salir a correr por el jardín; todo esto te ayudará a que se te pase». Todas estas medidas le ofrecen alternativas para que se le pase el enfado.
- Enséñale a relajarse cuando surgen sentimientos negativos, como el enfado o la frustración. Dile que respire hondo mientras cuenta hasta tres y luego expulse el aire. O, si es muy pequeño, haz que ande hasta un sitio y luego vuelva: «Ahora vamos hasta aquel árbol y volvemos, a ver quién llega antes». Esta o ideas similares permiten dejar pasar el tiempo necesario para que todas las sensaciones que ha generado el enfado se vayan apagando.

- Recurre a un juego de roles para que aprenda a ponerse en el lugar del otro («Ahora tú serás papá») y haced una pequeña representación.
- Hazle saber lo bien que lo hace cuando se enfrenta adecuadamente a cualquiera de sus emociones: «¿Has visto qué bien lo has hecho? Estabas enfadado y, en vez de llorar toda la tarde, te has conformado con hacer otra cosa y ahora estás tan tranquilo».
- Conviértete en su modelo: «Mamá ahora está enfadada y necesita unos minutos para que se le pase». Luego habla con él y cuéntale por qué estabas enfadada y que ya se te ha pasado.
- Enséñale a aceptar la tristeza: «Es normal que estés triste porqué mamá y papá se han separado. Yo también lo estoy a veces y ¿sabes qué me consuela mucho? Un buen abrazo».
- Cuéntale cuentos infantiles sobre emociones. Por suerte cada vez hay más material de este tipo. Los hay excelentes y para todas las edades. Indicaré algunos títulos en la bibliografía. Son los mejores regalos para nuestros hijos.

No estamos acostumbrados a educar en emociones. Somos muy buenos educando en conducta (que se porten bien), en alimentación (que coman), en cuidados (que dispongan de ropa, juguetes, tengan las necesidades básicas cubiertas) y en obediencia (que hagan caso). Pero no solemos pensar en cómo se sienten.

Hay estudios que demuestran que los niños que establecen una comunicación positiva con sus padres poseen un apego seguro, acaban siendo niños abiertos y muy comunicativos.

Ten presente que los niños tienen dificultad para autorregularse porque su cerebro es todavía inmaduro y las partes prefrontales que están implicadas en la regulación de las emociones no se han desarrollado. Por tanto, nuestro trabajo en este sentido es importante.

¿Cómo se siente un niño cuando tiene una rabieta? Mal. Por eso necesita un abrazo cuando se le pasa el enfado.

¿Qué debemos hacer para ayudar a nuestro hijo a gestionar bien sus emociones?

- No esconderlas.
- No reprimirlas con frases como «No llores». La emoción debe manar y fluir.
- Ponerles nombre.
- Entenderlas, no juzgarlas ni reprocharlas: «Entiendo que estés enfadada».
- Ayudar a que se pasen y no se enquisten. Hazle respirar hondo y profundo, llenando de aire la tripa o con las otras técnicas que he ido indicando. Una emoción debe nacer, crecer, expresarse y desaparecer.
- Permitir expresar todas las emociones en casa. Sobre todo las negativas: tristeza, rabia, miedo, etc. Todas deben poder expresarse.
- Preguntar a menudo a nuestro hijo cómo se siente o cómo se ha sentido ante alguna situación difícil que haya sucedido en casa.

La siguiente frase resume muy bien lo que os quiero transmitir: «Un niño que se siente bien se porta bien; un niño que se siente mal se porta mal».

He aquí la importancia que conlleva educar también en emociones. En la primera infancia solo pondremos la base, mientras que en la segunda infancia y en la adolescencia vendrá el trabajo duro.

LA AUTOESTIMA

En un capítulo dedicado a la gestión emocional no podíamos dejar de hablar de ella. Pero, antes de nada, ¿qué es la autoestima?

Hay varias definiciones que tratan de reflejar su significado: «Es el autoconcepto y la comprensión de los propios sentimientos», «Es el esquema mental que tenemos de nosotros mismos y que nos permite definirnos», «Es la visión e imagen que el individuo tiene de sí mismo y que influye directamente en su conducta y en la manera que tiene de relacionarse con los demás».

Para mí, es un sentimiento valorativo acerca de nosotros mismos. Refleja cómo nos valoramos en las diferentes áreas de nuestra vida, lo que influye en lo que somos, en lo que hacemos, en cómo nos relacionamos y en cómo nos sentimos.

Un niño que se siente bien se porta bien; un niño que se siente mal se porta mal.

La mayoría de los autores suelen hacer una distinción entre las dos dimensiones básicas de la autoestima:

- La «autoestima general», que alude de manera global al grado de aceptación o rechazo que una persona tiene de sí misma.
- La «autoestima de competencia», que se refiere a la percepción que tiene el individuo acerca del poder y eficacia personales en sus distintas áreas de actuación (intelectual, física, social, etc.).

No es muy difícil imaginar las consecuencias de una baja autoestima. Por tanto, como padres es una obligación hacer que nuestro hijo tenga un alto grado de autoestima desde pequeño. ¡La de horas de terapia que se va a ahorrar de adulto!

EL NACIMIENTO DE LA AUTOESTIMA

La autoestima del niño en sus primeros años de vida está relacionada con el grado de apego que establece con el cuidador.

Dado esto, es lógico pensar que una buena relación de apego le hace sentirse seguro, mostrarse más libre y motivado para explorar el entorno y experimentar en él. Esto, a su vez, lo lleva a actuar de manera positiva y a sentirse bien, pues percibe la propia autoeficacia.

Esta buena relación de apego se consigue:

- Estando atento a las necesidades del niño y respondiendo a ellas.
- Elogiando todos sus éxitos y esfuerzos.

- Mostrándote cercano y disfrutando de los ratos que pasas con tu hijo.
- Estimulándolo en cada etapa evolutiva y mostrándole constantemente que lo quieres.

Es un vínculo que se crea cuando los padres son receptivos y comunicativos. Cuando nuestro hijo crece en un entorno adecuado, se muestra más seguro y experimenta más con todo lo que lo rodea.

Las probabilidades de tener éxito aumentan cuando el niño se atreve a experimentar con más cosas y cada vez que los padres lo elogian por haber logrado alguna meta, aumentando así su sensación de confianza y autoestima. Nuestro hijo está dándole forma a su autoconcepto, así que nosotros tenemos que ayudarle a que sienta que puede hacer todo aquello que se proponga.

El reputado psicólogo Albert Bandura, padre de la teoría del aprendizaje social, también hace hincapié en la autoeficacia como importante indicador de la motivación y la acción humana. Las expectativas de autoeficacia se basan en la creencia que el individuo tiene de su capacidad para realizar con éxito las acciones que conducen a las metas deseadas.

Una buena relación de apego le hace sentirse seguro.

En este sentido, Bandura concluye a partir de la revisión de numerosas investigaciones que las personas que demuestran una alta seguridad en sus capacidades asumen las tareas difíciles como un reto que afrontar, y no como una amenaza que debe ser evitada. Tal sentido de autoeficacia favorece la orientación al éxito y al buen desempeño en distintas actividades.

Esta es la autoeficacia que tenemos que fomentar en nuestros hijos. Pero ¿cómo se consigue? Elogiando sus logros y sus esfuerzos, haciéndole ver que él puede afrontar lo que se plantee, dándole pequeñas responsabilidades y valorando mucho la ayuda que preste en casa («Qué bien lo has hecho», «¡Cómo ayudas a papá!», «¡Qué bien cantas!»). Y, sobre todo, fomentando su autonomía. Debemos dejar que haga cosas (siempre dentro de su capacidad y en función de su edad).

Desde el punto de vista de la psicología cognitiva actual, el autoconcepto es una estructura cognitivo-afectiva que contiene información personal (creencias, emociones, evaluaciones), pero que a la vez desempeña un papel activo en el procesamiento de dicha información. No es algo innato, sino que va tomando una forma u otra a través de la experiencia y la interacción con las demás personas.

Durante los primeros meses de vida, el bebé no distingue el entorno del yo. Debe aprender a interaccionar, a actuar y a percibir el mundo que lo rodea. Para ello cuenta con un escaso bagaje innato.

Poco a poco, aprende a interaccionar con el entorno y, por ejemplo, a llorar cuando tiene hambre o cuando quiere que le presten atención. Aprende que sus actos tienen unas consecuencias y que los demás responden a sus demandas. A partir de este aprendizaje e interacción irá emergiendo su capacidad para controlar el entorno, lo que, a su vez, supone reconocerse como un ser independiente.

Hacia los 10 meses de vida, el bebé ya tiene una clara visión de lo que es el entorno y sus cuidadores. Interacciona de manera intencionada (señala un objeto cuando lo quiere, sonríe a su cuidador).

La emergencia de un sentido del yo como ser independiente distinto de los otros tiene su inicio en el autorreconocimiento, cuando el bebé es capaz de reconocerse a sí mismo en un espejo. Esta capacidad puede empezar a aparecer a los 15 meses, pero es a los 24 me-

Cuando nuestro hijo crece en un entorno adecuado, se muestra más seguro y experimenta más con todo lo que lo rodea.

ses cuando se puede decir que el autorreconocimiento es completo. Es el pistoletazo de salida a la independencia de nuestro bebé, del «Mamá, yo solo» o «Esto es mío».

En resumen, nuestro bebé empieza muy pronto a formarse la idea de su yo como ser independiente; empieza a formar su autoconcepto desde los primeros meses de vida. Por lo tanto, si le ayudamos en este proceso, podemos conseguir que su autoconcepto sea positivo, lo que hará que tenga un sentimiento de autoeficacia bueno, que crea que es capaz de hacer las cosas bien. Todo esto contribuirá a que tenga una buena autoestima y que aprenda a quererse a sí mismo tanto como lo queremos nosotros.

Recomendaciones básicas

➤ Educa también en emociones: primero identificándolas y poniéndoles nombre, y luego gestionándolas, regulando su duración (ayuda poco a poco a que tu hijo establezca el autocontrol, pues no es innato).

➤ Fomenta su autoestima y autoconcepto. Celebra sus logros y también sus esfuerzos. No lo castigues ni regañes por los posibles fracasos. Dale autonomía y ayúdale a conseguir más éxitos que fracasos. Si no hace las cosas por sí mismo, difícilmente podrá sentirse bien por haberlo conseguido.

➤ Procura mantener un entorno comunicativo y afectivo, un apego seguro que le haga sentir que hay unos brazos siempre dispuestos a consolarlo, pase lo que pase. Todo ello lo animará a explorar el entorno sin miedo.

➤ Ten presentes en todo momento las tres aes: afecto, autonomía y autoestima. Siempre han de ir juntas y dependen la una de la otra. Sin autonomía ni afecto no puede haber autoestima.

7

EL ENFOQUE ABC

Alondra de mi casa,
Ríete mucho,
Es la risa en tus ojos
La luz del mundo.

MIGUEL HERNÁNDEZ

Las siglas ABC proceden del inglés *Antecedent* («antecedente»: ¿qué lo ha desencadenado?), *Behavior* («conducta»: ¿qué ha hecho el niño?), *Consequence* («consecuencia»: ¿cómo reaccionamos?).

Voy a poner un ejemplo práctico, que ya he usado en otro capítulo, para que se entiendan bien estos tres conceptos.

Entramos en una panadería y nuestro hijo ve unas golosinas y las quiere. Le decimos que no porque es la hora de la cena. (Esto sería el antecedente, lo que va a provocar una conducta determinada en el niño). Ante la negativa, nuestro hijo se pone a llorar y gritar (conducta). Por no oírlo más ni que haya un escándalo en la panadería, le compramos la golosina (consecuencia, es decir, cómo hemos reaccionado ante su conducta).

Lo que toma más relevancia, como podéis intuir, es la consecuencia. Dependiendo de cómo reaccionemos ante las conductas de nuestro hijo, podremos hacer que esta conducta tienda a desaparecer o a repetirse.

En el ejemplo anterior, el hecho de haber comprado la golosina ha reforzado la conducta de llorar y gritar que ha mostrado nuestro

Dependiendo de cómo reaccionemos ante las conductas de nuestro hijo, podremos hacer que esta conducta tienda a desaparecer o a repetirse.

hijo. Cómo hemos reaccionado ante la rabieta hace que el niño entienda que así es como debe obtener lo que quiere. Nuestra reacción ha actuado en este ejemplo como un reforzador positivo de la conducta.

Un reforzador mantiene o incrementa la fuerza de una conducta, mientras que un castigo la disminuye, siempre y cuando este sea inmediato a la conducta; cuanto menos tiempo pase entre la conducta y el reforzador o el castigo, más fuerte será su asociación con la conducta.

La psicología ha dedicado décadas a estudiar el comportamiento humano (las conductas) y el aprendizaje. Nos ha enseñado que un reforzador hace que la probabilidad de que aparezca una conducta aumente y, al contrario, un castigo hará que la probabilidad disminuya y desaparezca la conducta. Lo que más nos interesa como padres es entender que, cuando queramos que una conducta de nuestro hijo desaparezca, tendremos que aplicar castigos y que, cuando queramos que una conducta se instaure, usaremos reforzadores.

Es muy importante que estos refuerzos sean contingentes, es decir, que se apliquen justo después de que aparezca la conducta, de manera inmediata.

Cuando el niño es muy pequeño, los mejores reforzadores que tenemos son nuestra atención y reconocimiento. El niño busca constantemente llamar la atención de sus padres. Si se la prestamos cuando sus conductas son correctas, le enseñaremos a que tiene que actuar bien para conseguir nuestra aprobación.

Es muy probable que un niño que no logra la atención de sus padres empiece a mostrar conductas disruptivas para obtenerla. Es decir, ante una falta de atención, los niños suelen portarse mal. Esto es muy habitual en el caso de los padres que no les reconocen a sus hijos que han hecho algo bien, mientras que siempre los recriminan cuando hacen algo mal. El resultado es que el niño se porta cada vez peor. En mi consulta me he encontrado muy a menudo este tipo de casos: niños a los que castigan con frecuencia, pero sin resultado aparente, incluso con empeoramiento de la conducta.

Como veremos más adelante, el castigo no siempre es la mejor opción.

¿POR QUÉ TIENE LUGAR ESTE TIPO DE DINÁMICA?

El niño busca atención y en determinados casos solo la logra cuando se porta mal. De esta manera, lo que ha aprendido es a mostrar conductas disruptivas para obtener la atención de sus padres.

En cambio, si le prestamos atención cuando hace las cosas bien, no tendrá la necesidad de buscar nuestra atención de otra manera. Por eso es tan importante reforzar las buenas conductas. De todas formas, lo ideal es que nuestro hijo obtenga en general suficiente atención por nuestra parte y que esa atención no dependa de su comportamiento. Es decir, debemos dedicarle tiempo a nuestro hijo. Ahora bien, si sus buenas conductas son objeto de nuestra atención, tenderá a repetirlas.

Es muy importante que estos refuerzos sean contingentes, es decir, que se apliquen justo después de que aparezca la conducta, de manera inmediata.

Además, a través de los elogios y las atenciones creamos un clima de bienestar que hace más difícil que aparezcan problemas de comportamiento. Y al contrario, castigando constantemente, recriminando o gritando creamos un ambiente desagradable, el caldo de cultivo ideal para el tipo de conductas que no queremos.

REFORZADORES

Un reforzador es todo aquello que hace que se intensifique una conducta determinada. Puede ser material o no. Para los niños pequeños, los reforzadores materiales pueden ser juguetes o golosinas. Siempre hay que dárselos justo después de que tenga lugar la conducta. Si el niño orina en el orinal y le decimos: «Papá y mamá están muy con-

El niño busca atención y en determinados casos solo la logra cuando se porta mal.

tentos y esta tarde te comprarán un juguete».

En este ejemplo hay dos reforzadores y un fallo. Los reforzadores son tanto material, el juguete, como decirle que sus padres están contentos, el no material. Y el fallo es que comprarle el juguete mucho después es demasiado tarde. Un niño pequeño no va a entender el propósito de un reforzador seis horas después de haber mostrado la conducta que queremos reforzar.

Aquí podemos aplicar la misma regla del diez de la que hablamos líneas atrás: no más de diez segundos entre la conducta y el refuerzo, sea material o no.

De todas formas, ten en cuenta que los mejores reforzadores son los no materiales. Nuestra atención, nuestro aplauso, nuestra ilusión, todo esto es la mejor recompensa para nuestro hijo. También podemos compartir el éxito: «Vamos a llamar a papá para decirle que has hecho pipí en el orinal». Y lo llamáis. Con esto le transmitimos a nuestro hijo lo importante que es para nosotros lo que ha logrado. De hecho, es tan importante que llamamos a papá, o a la abuela, o a mamá, para contárselo.

El reforzador material lleva su atención a algo que no forma parte de la conducta, de alguna manera le resta importancia a la conducta en sí y la atención se centra en el juguete o la golosina. Es por esto por lo que hay que recurrir a ellos muy poco o nunca. Lo que queremos es que el niño haga las cosas que debe por lo bien que se siente él y se sienten los padres, no porque le vayamos a dar un juguete o una golosina. Es muy importante entender esto. Un reforzador material distrae al niño de la consecuencia natural de bienestar que normalmente se genera cuando percibimos que hemos hecho las cosas bien.

Para que aprenda una conducta nueva, como hacer pipí en el orinal, al principio reforzaremos las aproximaciones a la conducta buscada. Es decir, se premiará el hecho de sentarse en el orinal, aunque no orine. Luego, cuando consiga sentarse, premiaremos solo el siguiente paso (que se esté un rato sentado) y dejaremos de premiar el primero. Y así sucesivamente, hasta premiar solo el hecho de orinar donde debe.

Por su parte, el refuerzo negativo, en esencia, funciona igual que el positivo. Pero en este caso lo que hacemos no es introducir algo positivo, sino evitar algo negativo. Es muy útil a otras edades. Por ejemplo, si sabemos que a nuestro hijo no le gusta poner la mesa y ha

Los mejores reforzadores son los no materiales.

hecho todos los deberes, le decimos que, por lo bien que lo ha hecho, hoy no tendrá que poner la mesa. Reforzamos la conducta de hacer los deberes, ya que cuando los hace evita algo que no le gusta.

CASTIGOS

Cuando queremos que una conducta desaparezca una opción es recurrir al castigo. Hay dos maneras de hacerlo. Bien retirándole algo positivo (el muñeco que tanto le gusta porque se ha portado mal); este es el castigo negativo. O bien introduciendo algo negativo, lo que se suele entender de manera tradicional como castigo; este es el castigo positivo.

También podemos hacer que una conducta desaparezca mediante la extinción, es decir, no prestando atención a la conducta. Es algo que ya comenté cuando tratábamos las rabietas. Aconsejaba no prestarle atención a nuestro hijo. En realidad, cuando la conducta disruptiva es muy exagerada, como en el caso de una rabieta, es una muy buena opción, porque un castigo en ese momento aumenta la frustración del niño y es probable que esto refuerce su conducta. En pocas palabras, haremos que el niño se ponga más nervioso. En casos como este, es mejor hacer uso de la extinción.

Y, como con los refuerzos de carácter positivo, es muy importante la contingencia, es decir, aplicar el castigo justo después de que se produzca la conducta.

Los castigos también pueden ser materiales o no. Podemos quitarle un muñeco, pero también podemos decirle que ha hecho enfadar a mamá o a papá. Es importante en todo caso expresarle el malestar que nos genera la conducta que ha realizado, decirle que estamos enfadados por lo que ha hecho.

En el siguiente capítulo analizamos con detalle los premios y los castigos. A mi juicio, son prácticas que conocemos bien porque las hemos vivido en nuestra infancia. Sin embargo, considero que necesitamos hacer un buen uso de ellas o incluso empezar a innovar con nuevos enfoques.

Recomendaciones básicas

➤ Es importante que entendamos cómo actúan las consecuencias en el refuerzo o extinción de las conductas.

➤ Para reforzar una conducta, debemos aplicar un reforzador positivo justo después de la aparición de esa conducta.

➤ Los reforzadores no materiales son los mejores, como nuestra atención o un elogio.

➤ Siempre es mejor reforzar una conducta adecuada que castigar una mala conducta. Porque cuando refuerzo le digo exactamente qué debe hacer.

➤ El castigo puede ser una retirada de algo positivo o bien la introducción de algo negativo.

➤ Otra manera de hacer desaparecer una conducta en nuestro hijo es retirando nuestra atención, es decir, ignorando su conducta. Si tras una mala conducta del niño, nosotros no le prestamos ninguna atención, esa conducta tenderá a extinguirse, a desaparecer.

8

PREMIOS Y CASTIGOS

¿Lo comprendes? Lo has comprendido.
¿Lo repites? Y lo vuelves a repetir.
Siéntate. No mires hacia atrás. ¡Adelante!
Adelante. Levántate. Un poco más. Es la vida.

VICENTE ALEIXANDRE

Este capítulo está muy relacionado con el anterior. En lo que sigue hablaremos de cómo abordar bien los premios y los castigos.

Hay que tener presente que siempre es mejor premiar que castigar. Cuando se premia una conducta, se refuerza y se aumenta la probabilidad de que se asiente. De alguna manera, se enseña qué se ha de hacer en un determinado contexto.

Cuando se castiga, lo único que se hace es disminuir y hacer desaparecer una conducta, pero no se ofrece una alternativa mejor, no se enseña la alternativa correcta. En cambio, cuando se premia, se generan sentimientos de autoeficacia, de bienestar; el castigo hace aflorar sentimientos de ineficacia y malestar. Por eso debemos basar la educación de nuestro hijo en reforzadores positivos, que lo llevan a sentir orgullo y satisfacción de sí mismo. Esta es la filosofía de educar en positivo.

Ahora bien, esto no quiere decir que no se pueda castigar bajo ningún concepto. Se puede recurrir al castigo si es necesario, pero hay que hacerlo de la manera adecuada.

Siempre es mejor premiar que castigar. Cuando se premia una conducta, se refuerza y se aumenta la probabilidad de que se asiente.

¿CÓMO CASTIGAR?

Como ya se ha indicado, el castigo debe ser inmediato y hacerse efectivo justo después de que haya tenido lugar la conducta disruptiva o inapropiada. Cuanto más pequeño es el niño, más inmediato ha de ser. A un niño de 2 años no se le puede decir «Esta noche te quedas sin dibujos» porque al minuto se le habrá olvidado.

También debemos saber que antes del año y medio o 2 años esta herramienta no es muy efectiva. Normalmente basta con decirle no y reconducirle la conducta; el niño suele obedecer sin problema. Por ejemplo, si está tocando algo que no debe, le tomas la mano, se la apartas y le dices que no lo toque.

Dicho esto, si cuando aún es pequeño nuestro hijo muestra alguna conducta que en nuestra opinión deba ser castigada, lo más recomendable es el tiempo de reflexión, lo que en inglés se conoce como *time out*. Algunos lo conocen como «silla de pensar» porque tras decirle al niño lo que ha hecho mal y lo enfadados que estamos, lo sentamos en una silla lejos de cualquier estímulo, sin juguetes, en un entorno que el niño considera aburrido. El tiempo que debe estar en la silla es directamente proporcional a su edad. Se calcula aproximadamente en un minuto por año del niño.

Esta técnica tiene una doble eficacia: por un lado, le retiras tu atención y, por otro, te proporciona un tiempo para maniobrar y para que tanto el niño como los padres se calmen.

Muchos se preguntarán cómo se aplica este castigo. Inmediatamente después de que haya tenido lugar la conducta reprochable, se le comunica al niño de forma simple y sencilla la situación (según la regla del diez, esto es, no más de diez palabras o diez segundos) y lo sentamos en una silla lejos de cualquier estímulo que lo pueda distraer o entretener. Es importante que mientras dura el castigo no le prestemos atención. Una vez que ha pasado el tiempo, devolvemos nuestra atención al niño y pasamos página con cualquier actividad agradable. Lo importante es no continuar con el sermón.

Tampoco podemos castigar constantemente por todo. Si lo hacemos, nuestros castigos dejarán de tener el efecto deseado y, además, podríamos generar en nuestro hijo una sensación de frustración permanente. Para conseguirlo tengo otra regla, la de las diez cartas.

Debemos basar la educación de nuestro hijo en reforzadores positivos, que lo llevan a sentir orgullo y satisfacción de sí mismo. Esta es la filosofía de educar en positivo.

Le doy a cada padre o madre diez cartas que pueden usar durante toda la vida de su hijo. Estas cartas son los castigos que les pueden imponer. Al ser solo una decena, hay que usarlas con cautela, sobre todo porque queda por delante toda la adolescencia.

Por tanto, hay que escoger bien qué conductas sancionar; deberán ser las que creamos realmente importantes. Con las demás, se le puede corregir verbalmente, sin recurrir a tanta disciplina. Nuestro hijo debe crecer en un entorno agradable y positivo, y los castigos no facilitan este ambiente. Los castigos pueden ser necesarios para muchos padres, pero en pequeñas dosis.

Siempre que podamos escoger otra opción, como hablar con ellos, corregirlos verbalmente, apartarlos de la situación de conflicto hasta que se calmen, expresarles lo mal que nos han hecho sentir, etc., deberemos decantarnos por ella. En pocas palabras, y siempre que se pueda, hay que evitar castigar de manera continuada.

Aparte del tiempo de reflexión, en niños pequeños, de entre un año y medio y 2 años, el castigo más usado debe ser el de retirarle un estímulo positivo (por ejemplo, un juguete, los dibujos animados...), algo que a él le guste. Pero, insisto, no debe ser la primera opción. Podemos incluso evitar por un momento que vea los dibujos para que nos preste atención y después volvérselos a poner.

Recuerda además que el castigo debe ser proporcional al error cometido.

En niños de 2 o 3 años, las reglas son las mismas. El tiempo de reflexión funciona muy bien, así como retirarles un estímulo positivo. Podemos introducir otros tipos de castigos, pero primero siempre se debe avisar: «Si sigues haciendo esto, mamá o papá te castigarán sin jugar al tren».

Recuerda además que el castigo debe ser proporcional al error cometido.

Avisar es importante, pero lo es más cumplir con el castigo. Por eso, antes de anunciarlo tenemos que estar seguros de que lo vamos a cumplir. En caso contrario no servirá. Es decir, si le digo a mi hijo «Si sigues saltando así, nos volvemos a casa [...]. Ya no te aviso más; a la próxima nos vamos», el niño salta otra vez y no os vais a casa, habrás perdido tu autoridad y recuperarla no será tarea fácil. Tus avisos no funcionarán porque tu hijo sabrá que, aunque amenaces, luego no lo cumples.

Así que, en caso de avisar, llegado el momento habrá que cumplir con la amenaza. Si sabes que no lo vas a hacer, mejor no avisar. Le puedes decir simplemente que deje de saltar así porque se puede hacer daño y, si con la orden verbal no te hace caso, te acercas, lo agarras para que deje de saltar y le dices: «Mamá ya te ha dicho que pares». Debes hacerlo sin gritos, sin amenazas y sin agarrarlo de manera agresiva.

Siempre pongo el mismo ejemplo. Mi familia y yo nos fuimos de fin de semana y mi hijo se estaba portando mal. Mi marido le advirtió: «Si vuelves a hacer esto, nos volvemos a casa». Yo, que estaba deshaciendo las maletas en el destino, me quedé estupefacta. Por suerte mi hijo no lo volvió a hacer, porque en caso contrario habríamos tenido que volver a casa. ¡Por un momento, me vi haciendo de nuevo las maletas para irnos!

En la situación descrita se perciben dos fallos. Por un lado, el castigo era desproporcionado a la conducta que se quería corregir. Por otro, se trataba de un castigo de muy difícil cumplimiento porque suponía arruinar el fin de semana de toda la familia.

Así que, antes de imponer un castigo, hay que pensar bien cuál elegimos. Y, sobre todo, siempre debemos cumplirlo, sin excepción (aunque esto no servirá en la adolescencia).

En la medida de lo posible, el castigo no tiene que perjudicar a otros miembros de la familia y debe estar relacionado con la conducta que queremos corregir. No ha de responder nunca a la rabia o frustración que experimenta el padre o la madre en el momento ante la conducta del hijo.

Por lo tanto, es importante no imponerlo cuando estés muy enfadado porque será desproporcionado, poco justo y poco educativo. Es, además, lo que solemos hacer, castigar cuando nos sentimos decepcionados y llenos de rabia por el comportamiento de nuestro hijo.

Un ejemplo de castigo relacionado con la conducta es hacer que recoja lo que ha tirado al suelo o limpiar lo que ha ensuciado. La idea es corregir de alguna manera el daño provocado. El castigo debería servir para educar a nuestro hijo, no a modo de venganza o para descargar nuestra rabia.

Recomendaciones básicas

➤ El castigo debe ser contingente, es decir, inmediato a la conducta que se quiere corregir.

➤ Procura que sea proporcionado a lo que lo ha motivado.

➤ Tiene que ser educativo y estar relacionado con la conducta reprochable.

➤ Debe adecuarse a la edad del niño.

➤ No se ha de recurrir a castigos constantemente. Más bien al contrario, deben usarse lo mínimo. Recuerda la regla de las diez cartas.

➤ En niños a partir de los 2 años, debemos avisar antes, darle tiempo al niño para que corrija su conducta. Así tiene la opción de portarse bien.

➤ Siempre debemos cumplir con lo avisado si se dan las circunstancias.

➤ El castigo no es efectivo ni recomendable antes de los 2 años.

¿EDUCAR SIN CASTIGAR ES POSIBLE?

Hace nueve años me propuse a mí misma un reto. Quería comprobar si era capaz de educar a mis hijos sin recurrir al castigo y manteniendo mi autoridad.

Parto de la idea de que castigamos porque no sabemos hacerlo de otra manera. Es como nos han educado a nosotros y creemos que funciona, pero realmente no hemos probado otra alternativa. Por eso me propuse intentarlo, porque quería encontrar otras formas de ejercer la autoridad.

Os preguntaréis si ha funcionado o no. El problema es que no puedo contar con otro sujeto de control con el que compararlo, es decir, me falta saber qué habría pasado si durante estos años hubiera usado el castigo.

Así que téngase en cuenta que no ha sido un experimento científico con resultados contrastables. Pero lo que sí os puedo decir es que, al menos de alguna manera, ha funcionado. Es decir, he podido ejercer la autoridad. Mi premisa fue en todo momento que, ante una orden dada, esta debía cumplirse. Sin alternativa.

Durante los dos o tres primeros años de vida, el castigo no suele ser la mejor opción porque no es una dinámica que el niño pequeño pueda entender. Muchas veces, sobre todo cuando no es inmediato, no sabe por qué se le deja sin ver los dibujos. El aprendizaje en ese periodo vital es muy limitado. Además, no es descartable que genere malestar en el niño y acabe con una rabieta. Por tanto, lo mejor es usar la orden física.

La orden verbal implica que, por ejemplo, cuando le digo a mi hijo «Ve a lavarte los dientes», tenemos una alta probabilidad de que no lo haga por mucho que se lo repitamos una infinidad de veces. Por su parte, la orden física implica movimiento. Me levanto, voy hasta donde mi hijo está sentado y le digo que hay que lavarse los dientes mientras lo acompaño al lavabo y le ayudo a hacerlo. Así aumentamos mucho la probabilidad de que la orden se cumpla.

En los primeros años de vida, las órdenes deben ser físicas, es decir, le digo lo que tiene que hacer y además lo acompaño. Sin agresividad ni gritos, con calma y la seguridad que proporciona saber que es así como se aprende a cumplir las órdenes.

He visto muchas veces situaciones de la vida cotidiana en las que los padres ignoran sin darse cuenta esta premisa. Un padre está en el parque con su hijo pequeño y este le agarra el juguete al niño que tiene al lado. El padre le dice «No se toman los juguetes de los demás», pero, evidentemente, no se lo devuelve y, si el otro niño no se da cuenta, se acaba quedando con el juguete.

En este caso, la orden física pasa por devolverle el juguete al otro niño con nuestra intermediación o, si pensamos que no tiene mucha importancia, hacerlo nosotros mismos sin necesidad de dar la orden.

> **Lo mejor cuando es pequeño es dar órdenes físicas y hacerlas cumplir con paciencia y calma. Es muy difícil que un niño cumpla la orden solo con decírsela.**

Un caso similar es el siguiente. Estamos en casa de los abuelos, en la puerta, a punto de irnos, pero seguimos hablando y la despedida se alarga. Nuestra hija de 2 años y medio empuja la puerta para salir y le decimos: «No salgas a la calle». Por supuesto, vuelve a hacerlo de nuevo, porque no cumple casi nunca las órdenes verbales. Le insistimos con «No salgas a la calle», pero vuelve a abrir la puerta y esta vez acaba saliendo. Y, ya que ha salido, nos vamos, pues en cualquier caso ya estábamos a punto de hacerlo.

El error sucede porque hemos dado una orden que al final no se ha cumplido. La opción alternativa es la orden física: salimos a la calle, agarramos a nuestra hija y le repetimos que no puede salir sola. Le hacemos volver a entrar en casa y, con tranquilidad, acabamos de despedirnos y salimos juntas. Al final la orden se ha cumplido y esto, si se repite, genera un aprendizaje.

Mi experiencia durante estos nueve años ha sido muy buena. Al final he tenido que encontrar alternativas al castigo en cientos de ocasiones y he aprendido otras técnicas más positivas que no generan tanto malestar en nuestro hijo.

Lo mejor cuando es pequeño es dar órdenes físicas y hacerlas cumplir con paciencia y calma. Es muy difícil que un niño cumpla la orden solo con decírsela. En primer lugar porque seguramente no nos escucha, sobre todo si está jugando o viendo la televisión, y en segundo lugar porque, aunque lo haga, seguramente no le apetece nada levantarse del sofá para irse a lavar los dientes.

Uno de mis temores cuando decidí no recurrir al castigo fue si sabría aplicar disciplina a mis hijos de otra manera o si no sabría mantener la autoridad. Pero esos temores han resultado ser infundados, pues les sigo marcando lo que deben hacer y lo que no, los sigo

Como con el castigo, el premio se debe dar inmediatamente después de la conducta que queremos reforzar.

guiando para que sepan qué esperamos de ellos en cada momento. A veces me cuesta no castigarlos, sobre todo desde que son adolescentes. Pero acabo dejando de lado aquello a lo que estaba habituada y uso la paciencia y la perseverancia hasta que hacen lo que les he pedido.

Como podéis ver con lo apuntado hasta el momento, el objetivo de este libro no es adoctrinar ni decir lo que cada familia tiene que hacer. En realidad, os ofrezco las herramientas que tenemos, con sus ventajas e inconvenientes, para que contéis con un amplio repertorio de opciones. Porque a veces faltan recursos o conocimientos y el educador necesita saber lo que es esperable que ocurra y lo que no. En este sentido, si queréis recurrir al castigo, adelante, pero debéis hacerlo según os he indicado para hacer un buen uso de él.

En cambio, si, como en mi caso, decidís educar a vuestro hijo sin castigos, la mejor opción es que, ante una orden dada, esa orden se cumple. ¿Sabéis cuántos años he tardado yo en hacer que mi hijo se lave los dientes antes de irse a la cama sin que se lo tenga que repetir hasta la saciedad? La friolera de once años.

Recomiendo antes que nada muchas dosis de paciencia, pues los aprendizajes son lentos. Das la orden verbal, luego la física, lo acompañas, y así cada noche, sin usar el castigo. A mi hijo le decía: «Cuando acabe este capítulo, te lavas los dientes». Y, cuando acababa el capítulo, quitaba la televisión y le repetía: «Ahora, los dientes». En este caso solo se hace uso de la perseverancia, paciencia y, sobre todo, entender que lo normal es que los niños no obedezcan a la primera y que los aprendizajes requieren tiempo. No lo hacen para fastidiar o porque sean malos o desobedientes, sino ¡porque es un rollo dejar de ver los dibujos para lavarse los dientes!

¿CÓMO PREMIAR?

Como con el castigo, el premio se debe dar inmediatamente después de la conducta que queremos reforzar.

Los premios no deben ser siempre materiales. Hay que ser más originales y tenemos que huir del materialismo imperante, debemos enseñarle a hacer las cosas por lo bien que se siente y nos hace sentir. Lo que realmente quiere nuestro hijo es nuestra atención y nosotros tenemos que estar muy atentos a cómo se la prestamos. Es decir, lo recomendable es no dejar pasar la ocasión de animarlo y expresarle la alegría en el momento.

Los premios no materiales deben ser la base de la educación que le damos. Tenemos que estar atentos a sus logros, recoger los juguetes con ellos, alentarlo a comer solo, decirle lo orgullosos que estamos de él y lo mayor que se está haciendo. Si tiene la atención de sus padres, no la buscará mediante conductas disruptivas.

¿QUÉ ES UN PREMIO?

Un premio es cualquier reforzador positivo que a nuestro hijo le encante. Puede ser un juguete, una golosina, ir al parque, leerle un cuento, felicitarlo, darle un beso, compartir con otros miembros de la familia lo bien que ha hecho algo, llevarlo de paseo, ir a merendar juntos, concederle un privilegio. La lista es interminable. Pero, de manera general, el mejor regalo o premio que le podemos dar a un hijo es nuestro tiempo y nuestra atención.

Como ya he comentado, cuando queramos que aprenda una nueva conducta, como por ejemplo que orine en el orinal, al principio premiaremos las conductas cercanas al objetivo (sentarse en el orinal, estar un rato sentado, aunque no haga pipí). Tienen que premiarse todas las conductas que lo acerquen a la meta.

Ahora bien, cuando la conducta esté instaurada, habrá que dejar de premiarla. Pero no de golpe. Lo haremos de manera intermitente, es decir, un día premiaremos y otros no, de manera aleatoria, hasta que no haya premio alguno.

Al contrario que con el castigo, premiar a menudo no tiene ningún efecto negativo y sí muchos efectos positivos. Con los refuerzos positivos alimentamos la autoestima de nuestro hijo y su sentimien-

El mejor regalo o premio que le podemos dar a un hijo es nuestro tiempo y nuestra atención.

to de autoeficacia, sin hablar del bienestar emocional que genera el que sus padres vean sus logros y los premien constantemente.

Generar un ambiente de bienestar en casa es muy importante y muy fácil de conseguir. Para ello, tenemos que fijarnos en los esfuerzos que hace nuestro hijo y consolidarlos, armarse de paciencia y no castigar cuando nos enfadamos.

Debemos controlarnos en los momentos de estrés que se generan en el día a día cuando el niño es pequeño. Él nunca tiene prisa, no ve nuestras preocupaciones, siempre quiere jugar y que juegues con él (y es así como debe ser). Un niño siempre debe estar pendiente de jugar y no debe tener prisa.

Somos nosotros quienes nos tenemos que adaptar a su ritmo, siempre en la medida de lo posible y siendo todo lo afectuosos como sea posible mientras le dedicamos tiempo. Aunque no podamos estar mucho con él, el tiempo que estemos ha de ser agradable, tierno y divertido.

Evita el castigo y los gritos, sé paciente y más flexible, y sobre todo entiende que nuestros hijos no hacen las cosas mal por fastidiar, sino porque están aprendiendo, lo que requiere tiempo y además comporta cometer fallos. No podemos olvidar que aprendemos de nuestros errores.

Recomendaciones básicas

➤ El premio, como el castigo, debe ser contingente.

➤ Debemos evitar, en la medida de lo posible, los premios materiales.

➤ Debe ser proporcionado a la conducta, adecuado a la edad del niño y muy frecuente.

➤ Tenemos que asegurarnos de que el estímulo es realmente positivo para el niño. Es decir, no premiarlo nunca con algo que odie, aunque nos guste a nosotros o a otros niños.

➤ Debemos premiar los esfuerzos y no solo los logros.

➤ El mejor premio que le podemos dar a nuestro hijo es nuestro reconocimiento: que vea que sus esfuerzos nos llenan de orgullo.

9

EL USO DE LAS NUEVAS TECNOLOGÍAS

Cuando un recién nacido aprieta con su pequeño puño,
por primera vez,
el dedo de su padre,
lo tiene atrapado para siempre.

GABRIEL GARCÍA MÁRQUEZ

Sobre este tema, tan controvertido, lo primero que hay que saber es que hasta los 2 años se desaconseja por completo el uso de las nuevas tecnologías, ya sean móviles, tablet, televisión o videojuegos. En esta edad el desarrollo del cerebro es máximo y está muy determinado por la estimulación externa que le llega al niño. Y, tal y como hemos comentado en el primer capítulo, tan nociva es una estimulación excesiva como una deficitaria.

Se ha demostrado que exponerlos a los estímulos de las nuevas tecnologías está asociado con el desarrollo de determinados problemas, como déficit de atención, retrasos cognitivos, mermas de aprendizaje, impulsividad o disminución de la capacidad de autorregularse. La primera infancia es una época de rápido desarrollo cerebral: las conexiones estructurales se incrementan a medida que las redes cerebrales se vuelven más especializadas. Esto se relaciona con una amplia gama de desarrollos cognitivos y con los procesos de autorregulación.

Por lo tanto, es importante que en estos primeros años de vida la exposición a las nuevas tecnologías sea mínima. El niño debe experi-

Hasta los 2 años se desaconseja por completo el uso de las nuevas tecnologías.

mentar por sí mismo para poder desarrollar tanto su mente como su psicomotricidad y los juegos tradicionales son los que conseguirán darle la estimulación que necesitan.

Es una estampa muy habitual ver a familias en terrazas o restaurantes con los niños inmersos en sus consolas o sus tablets, incluso a bebés viendo dibujos en el móvil. Sin embargo, es mucho más enriquecedor para ese bebé aprender de la situación, viendo como hablan los adultos, jugando con un trozo de pan o yendo de un adulto a otro, que atendiendo a un dispositivo con dibujos animados en bucle.

Aunque es más cómodo para nosotros que estén con los dispositivos, en realidad priva al niño de una muy buena oportunidad de aprendizaje de su entorno. Como siempre, lo mejor es encontrar el equilibrio, porque los padres también necesitamos momentos de tranquilidad con otros adultos. Así que, en una comida con amigos, podemos hacer un poco de todo para que beneficie a toda la familia.

Hasta los 3 años el uso que se hace de las tecnologías está más enfocado a ver vídeos que al juego. Evita que tu hijo pase mucho tiempo expuesto a este tipo de contenido y prioriza los juegos más tradicionales en esta etapa. La psicomotricidad de tu hijo se verá recompensada.

A partir de los 3 años, el uso que se haga de las nuevas tecnologías debe estar guiado y supervisado por los padres. No se debe recurrir a la tablet como si fuera una niñera, dejando solo al niño para que se entretenga. Como seguir a rajatabla todo lo relacionado con la educación de tu hijo es muy difícil, ten en cuenta lo que se recomienda y, a partir de ahí, adáptalo a tu caso concreto. Si sabes que no es bueno exponer a tu hijo durante más de una hora al día, escoge bien en qué momentos usas la tablet de *niñera*. Seguro que consigues el equilibrio que necesitas.

Las nuevas tecnologías, en cuyo uso es muy importante educar a nuestro hijo, deben ser una oportunidad más para interaccionar con nuestro hijo y debemos elegir a qué juega o qué ve.

Si desde pequeño se habitúa a interaccionar con nosotros en el uso de las nuevas tecnologías, en la adolescencia nos será más fácil seguir haciéndolo sin que lo vea como una intromisión. Además, podemos enseñarle a aprovecharlas mucho más y no a usarlas solo como un mero entretenimiento.

Otro aspecto importante es el tiempo que se expone el niño a ellas, pues hay expertos que afirman que dos horas al día es excesivo. Lo mejor es que el niño tenga tiempo de jugar a otras cosas, que las nuevas tecnologías no limiten el tiempo que pasa haciendo puzzles, construcciones o pintando. Ver la televisión o jugar con la tablet no puede ocupar toda una tarde porque resta tiempo a otros juegos mucho más importantes. Porque un exceso puede conllevar graves consecuencias. No hay que olvidar que siete de cada diez niños sufrirán adicción a las nuevas tecnologías en la adolescencia.

Además, tienes que saber a qué juega tu hijo. Las videoconsolas catalogan los juegos por edad, lo que no debemos pasar por alto. Hay algunos que se juegan en línea, generalmente aquellos dirigidos a jóvenes de más edad porque precisamente se trata de los juegos más adictivos. El famoso videojuego *Fortnite*, por ejemplo, está concebido para hacer que el niño cada vez juegue más, pues se premia de una manera sutil el tiempo que pasa delante de la pantalla. Por eso es tan importante que limites el tiempo que juega y que supervises el tipo de juego y la edad recomendada.

No dudes en jugar con él, que te enseñe cómo funciona. Así lo valoras de primera mano. Con este objetivo, hay una serie de aspectos que debes tener en cuenta: si es en línea, con quién juega; la edad recomendada; el nivel de agresividad y violencia; qué habilidades enseña y su poder de adicción (por ejemplo, si premia el número de veces o el tiempo que se juega en vez de la destreza haciendo alguna tarea).

Pon las nuevas tecnologías a tu favor. Hay cientos de juegos concebidos para el aprendizaje y que además son muy divertidos. Tienes que asegurarte de que tu hijo juega a este tipo de juegos. Valora, sobre todo, aquellos cuyo objetivo sea construir cosas sencillas, identificar animales o desarrollar habilidades de lecto-escritura, ya que a esa edad empieza a trabajarlas en la escuela.

Siete de cada diez niños sufrirán adicción a las nuevas tecnologías en la adolescencia.

A partir de los 7 años, ya es más autónomo y suele jugar más tiempo solo. Cuenta con más capacidad cognitiva para los juegos de mayor complejidad, pero que también son más adictivos.

JUEGOS DIDÁCTICOS PARA NIÑOS DE 2 A 5 AÑOS

- *Juego para niños*, desarrollado por The Barn Of Kinder Kids. Es un juego ideal para los más curiosos. Contiene 110 palabras y sonidos diferentes para aprender. Cuando haces clic en un animal, en un vehículo o en otro objeto —ropa, frutas, objetos de la casa—, se reproduce su sonido. Además, se acompaña de una voz que dice el nombre del elemento mostrado.
- *Encuéntralo*. Se trata de un juego donde los objetos y animales se confunden con la escena. Debes encontrar ciertas imágenes en un atractivo y divertido entorno, lleno de imágenes de la vida cotidiana relacionadas con profesiones, animales, tipos de comida... Se trabaja el reconocimiento de formas y colores, la atención, el vocabulario y las capacidades visuales.
- *Emparéjalo*. Es un juego que ayuda a desarrollar las habilidades de percepción visual y cognitivas. Los niños deberán encontrar el par de la figura que se muestra. Tiene distintos niveles de dificultad, según las edades.
- *Writing wizard*. Los primeros pasos en la escritura deben ser muy guiados y este juego busca ser un soporte para los menores de 5 años. Les ayuda a aprender cómo escribir las letras mediante un sistema que mantiene en todo momento la motivación. Además, la aplicación es totalmente individualizable para así poder ajustarse a las necesidades de cada niño.

JUEGOS DIDÁCTICOS PARA NIÑOS DE MÁS DE 5 AÑOS

- *Quiver*. Es una aplicación que compagina el mundo virtual con el real. Combina una actividad tan importante para el desarrollo como pintar con lápiz y papel con el uso de la tecnología. Es una forma diferente de estimular la creatividad de nuestro hijo.

- *Monument valley*. Es un juego clásico que pone a prueba la capacidad visual-espacial del jugador a través de sus diferentes niveles, en los que podremos rotar el escenario para descubrir nuevos caminos por los que ir avanzando. Sus dibujos e ilustraciones, junto a una relajante música de fondo, convierten a este juego en una aplicación entretenida y a la vez estimulante para los sentidos.
- *5it*. En esta aplicación los jugadores han de ser los más rápidos en adivinar cinco palabras, de cinco categorías distintas, que empiezan por una letra determinada. Es un juego ideal para que los niños practiquen y adquieran nuevo vocabulario.
- *Monster numbers*. Es una aplicación educativa que invita a los niños a jugar con las matemáticas. Incluye diseños divertidos, personajes simpáticos, juegos de lógica y operaciones matemáticas que se adaptan a los distintos grupos de edad.

> **Cronometra el tiempo para demostrarle a tu hijo lo que lleva jugando porque normalmente percibirá que ha estado poco tiempo.**

RECOMENDACIONES BÁSICAS

➤ Hasta los 2 años intenta evitar el uso de las nuevas tecnologías.

➤ A los 3 años limita el tiempo de exposición a un máximo de una hora al día.

➤ A partir de los 4 años el tiempo máximo debe ser de unas dos horas al día durante el fin de semana. De lunes a viernes disponen de menos tiempo libre, por lo que una hora será más que suficiente. Cronometra el tiempo para demostrarle a tu hijo lo que lleva jugando porque normalmente percibirá que ha estado poco tiempo. A los 9 años él mismo debería cronometrarlo.

➤ Juega con tu hijo para analizar los juegos.

➤ Presta atención a la edad recomendada.

➤ Algunos de los juegos deben ser didácticos y educativos para enseñarle que también se aprende jugando.

➤ Es importante que no jueguen después de cenar porque la estimulación perjudica la calidad del sueño.

➤ Si ven algún vídeo en la tablet, es recomendable que sea en modo noche porque la luz azul de las pantallas de los dispositivos electrónicos puede alterar el proceso de producción de melatonina, la hormona que favorece el sueño.

10

EDUCAR EN POSITIVO

*Tomar la decisión de tener un bebé es importante.
Es decidir que tu corazón vague fuera de tu cuerpo
por siempre.*

ELIZABETH STONE

A lo largo del libro he ido haciendo referencia a esta manera de educar. Pero quiero compartir contigo lo que significa para mí. En mi opinión, educar en positivo implica crear un clima de bienestar en casa que empuje a nuestro hijo a portarse bien y a dar lo mejor de sí mismo para ver la cara de orgullo y satisfacción de sus padres. Significa ver los esfuerzos y los logros que hace y reconocérselos, hacerle ver claramente que con sus pequeños éxitos nos hace felices. Significa llenar nuestro día a día de celebraciones y aplausos que le hagan seguir adelante, y no de castigos y gritos que le llenen los ojos de lágrimas. Significa demostrar el amor que le tenemos con palabras, con gestos y con mucho afecto. No podemos permitir que nuestro hijo no sepa lo mucho que lo queremos.

Significa no atribuir sus conductas a ganas de fastidiar o de portarse mal, entender que nosotros somos los que le debemos enseñar qué está bien y qué no. No-

Educar en positivo implica crear un clima de bienestar en casa que empuje a nuestro hijo a portarse bien y a dar lo mejor de sí mismo para ver la cara de orgullo y satisfacción de sus padres.

En la relación con mi hijo yo siempre seré la persona adulta y, por lo tanto, se espera más de mí que de él. Debo regular mis emociones.

sotros debemos ponerle los límites para que sepa claramente qué camino elegir y cómo recorrerlo. Si nuestro hijo falla, nosotros fallamos. Debemos tener en cuenta que, en última instancia, la responsabilidad es nuestra.

Significa tener paciencia y ser flexibles para facilitar su aprendizaje. Darle las herramientas para que forme su identidad y su autoestima. Significa, sobre todo, basar la educación en los esfuerzos que hace, evitando los castigos, los gritos y actuar solo cuando se porta mal; solo de esta forma daremos siempre preferencia a los refuerzos positivos y a los premios no materiales. Debe aprender a portarse bien por el sentimiento de bienestar que eso le genera.

En la relación con mi hijo yo siempre seré la persona adulta y, por lo tanto, se espera más de mí que de él. Debo regular mis emociones y no responder de una manera desproporcionada cuando hace algo mal. Soy yo quien debe marcar los límites porque entiendo conceptos, como el peligro o el tiempo, que él todavía no entiende. Y soy yo quien va a instaurar esos hábitos tan necesarios, como lavarse los dientes o peinarse. No debo esperar que sea mi hijo quien lo haga sin mi ayuda ni que deje de jugar a la primera cuando le pido que lo haga. A nuestro hijo le toca jugar y a nosotros, educar.

Comparto con vosotros a continuación tres cosas básicas que os ayudarán mucho en esta etapa y que todos los padres deberíamos saber.

3 consejos básicos para educar en positivo

- Los niños no obedecen nunca a la primera. Siempre funcionan mejor las órdenes físicas que las verbales.
- Los niños nacen con ganas de portarse bien. No cuentan con la capacidad de hacer algo mal con premeditación y con la finalidad de fastidiarnos, pues sería algo antinatural y que va en contra del principio de supervivencia. Un bebé necesita agradar a su figura de apego para sobrevivir.

- El camino del aprendizaje es largo y debemos tener paciencia. Cuando hacen algo mal es simplemente que han cometido un error.

Este libro no pretende ofrecer una verdad absoluta, sino ser una guía, una caja llena de herramientas que vosotros como padres podáis llevar siempre encima y tomar aquella que más os sirva en cada momento. Por eso, hemos hablado tanto del castigo bien impuesto como de la posibilidad de no recurrir nunca a él. Los padres que se sientan más seguros usando el castigo han de saber cómo ponerlo en práctica y que no acabe siendo un abuso. Y los padres que se atrevan a reinventarse y dejar de usarlo también cuentan en estas páginas con alguna orientación para saber cómo hacerlo. No castigar no significa no educar, implica hacerlo con otras técnicas.

Como respecto del colecho, no se trata de posicionarse de manera definitiva a favor o en contra, sino de saber ponerlo en práctica de la manera más adecuada, de saber dar respuesta a la necesidad que nuestro hijo va teniendo en cada momento, desde el apego físico del principio hasta la autonomía o el «Yo solo» propio de los 2 años.

No hay verdades absolutas, como he ido demostrando a lo largo del libro, porque la manera de educar evoluciona constantemente: desde las criadas que amamantaban a los bebés de sus señoras hasta llegar a la tendencia prolactancia materna de nuestros días, pasando por la propaganda de la leche artificial de no hace tanto tiempo.

Como padres debemos estar bien informados y después decidir en función de nuestros valores. Al final, cada familia es un pequeño mundo con sus propias leyes y costumbres, ni mejores ni peores, sino únicas.

Mi trabajo me ha dado la oportunidad de conocer a cientos de familias. Y puedo asegurar que no hay dos iguales. En el seno familiar aprendemos a relacionarnos primero entre nosotros y luego con el mundo. Es la base de la persona, su seguro, desde donde inicia su camino vital. La primera pareja que la mayoría ve es la de sus padres, la primera relación que se tie-

No hay verdades absolutas, la manera de educar evoluciona constantemente.

ne es con ellos, es en el hogar desde donde se empieza a aprender todo. Por eso la infancia es tan importante y los apegos determinan en gran medida cómo uno se va a relacionar de adulto.

LA TEORÍA DEL APEGO

He aludido al apego varias veces a lo largo del libro. Por eso no quiero terminar este capítulo sin explicar bien qué es.

La teoría del apego la concibió John Bowlby, un psiquiatra y psicoanalista que hizo un estudio con huérfanos de la Segunda Guerra Mundial. Estudió la necesidad que tienen los recién nacidos de establecer una relación de apego con un cuidador principal y cómo no hacerlo puede repercutir en la vida adulta. Según Bowlby, el apego es evolutivo e innato, como una especie de instinto de supervivencia que hace que lo busquemos en la figura materna desde el mismo momento en que nacemos. Identificó tres tipos de apego: el apego seguro, el inseguro-evitativo y el inseguro-ambivalente.

Resumiendo lo más posible esta teoría, podemos decir que el bebé nace con una fuerte necesidad de apego en respuesta a un instinto de supervivencia. No hay duda de que no podríamos sobrevivir sin los cuidados de un adulto que nos proporcione alimento y cobijo. Por lo tanto, el bebé actúa buscando siempre la atención de su figura de apego. Llora cuando se siente solo y deja de llorar cuando lo tomamos en brazos, llora cuando nos vamos, cuando nos alejamos de su cuna y cuando lo dejamos a cargo de otro cuidador por primera vez. La separación a corto plazo de la figura de apego produce angustia (ansiedad por separación) y a largo plazo (por muerte de la madre o abandono) puede conllevar dificultades cognitivas, sociales y emocionales de adulto.

La psicoanalista estadounidense Mary Ainsworth colaboró con Bowlby en un experimento al que todavía se alude hoy en día para evaluar el tipo de apego. Dejó a bebés de entre 12 y 18 meses en una habitación llamativa y desconocida para los niños, con y sin la

El bebé nace con una fuerte necesidad de apego en respuesta a un instinto de supervivencia.

madre. Observó las diferentes reacciones de los niños ante la separación de la madre o figura de apego y ante el reencuentro. Los investigadores identificaron cuatro patrones de respuesta que se dan en distintas razas y culturas, lo que dio lugar a los cuatro tipos de apego que conocemos hoy en día:

- **Apego seguro** (65 % de los casos). Los niños exploran la habitación sin problemas cuando están con la madre. Cuando la figura de apego se va, aparece la ansiedad por separación, pero remite fácilmente cuando la madre regresa, momento en que se muestran receptivos al contacto físico. Se relacionan bien con otras personas cuando está su madre delante.
- **Apego evitativo** (20 % de los casos). Los niños exploran muy poco el entorno, se mantienen la mayor parte del tiempo aferrados a su madre. Muestran ansiedad cuando la figura de apego se va, incluso antes de producirse la separación. Cuando regresa la madre, no logran calmarse y, aunque se acercan a ella, rechazan el contacto físico. Les cuesta relacionarse con otras personas, aunque esté su madre delante.
- **Apego ansioso** (10-12 %). Hay pocas muestras de ansiedad cuando se va la madre y poco afecto en el reencuentro. Rehúyen el contacto visual con la madre. El niño puede llorar cuando se queda solo, pero no lo hace si hay una persona extraña en la habitación. Se relaciona de manera excesiva con otros adultos.
- **Apego desorganizado** (3-5 %). Es poco frecuente y se caracteriza por reacciones extrañas. Estos niños pueden ir hacia la madre cuando regresa, pero rechazarla en cuanto esta se les acerca en exceso. A veces se quedan inmóviles sin tener ninguna reacción. Son niños muy inseguros.

El apego es un rasgo esencial porque el tipo que muestre en la infancia va a definir cómo esa persona se relacionará con el entorno y con los demás. Afortunadamente, la mayoría de los casos que se estudian responden al primer tipo, que es el más sano de los expuestos.

¿Cómo consigo que mi hijo tenga un apego seguro?

- Responde a sus necesidades desde el primer día. Por eso he insistido tanto en el primer capítulo en la necesidad de atender al bebé cuando llora. Es su manera de expresar que tiene una necesidad, por lo que el progenitor o cuidador debe responder ante ella. Pero las necesidades cambian. En los primeros meses de vida, el contacto físico es muy importante, pues le da seguridad y tranquilidad. A partir de los 2 años, las necesidades no son tanto de apego físico —aunque siguen necesitándolo—, sino más bien de autonomía, respeto, pautas, hábitos, rituales y afecto.
- Muéstrale afectividad. Ser cariñosos como padres es una muy buena manera de transmitir lo que sentimos por nuestro hijo. Tomarlo en brazos, achucharlo, besarlo... Dad rienda suelta a todas las formas que se os ocurran de mostrar cariño.
- Da respuesta a sus emociones. Consolarlo cuando llora es un claro ejemplo. Si el bebé necesita sentirse seguro para explorar su entorno —cuando la figura de apego está delante se atreve más a explorar—, también necesita que, si se hace daño en el proceso, se le consuele. Pero no siempre es tan sencillo, porque sentimos tanto miedo a que se haga daño que a menudo lo reñimos si se cae. Se debe sentir seguro y saber que, si algo le pasa en su aventura, siempre habrá alguien con quien podrá contar. El parque es el comienzo de la aventura de exploración de su propia vida.
- El amor tiene que ser incondicional. No ha de depender de si el niño hace algo mal o bien. La idea es transmitirle que se le quiere siempre, solo que a veces nos podemos enfadar si hace algo mal; pero, aun en este caso, es objeto de nuestro amor. No rechaces al niño cuando haya hecho algo mal si te pide un abrazo. Asimismo, cuando una rabieta llega a su fin, ofrécele cualquier muestra de cariño que lo consuele.
- De los 6 a los 9 años es importante evitar reprocharle nada (por ejemplo, mediante el típico «Ya te lo dije»). Si comete un

error, aunque ya se lo hubiéramos advertido, no se lo eches en cara ni lo ridiculices. A estas edades son conscientes de sus errores y no necesitan que metamos el dedo en la llaga.

- Evita gritar y, por supuesto, pegarle. El grito genera mucha inseguridad y angustia, sobre todo en etapas tempranas de la infancia. Responde a una falta de autocontrol por parte del adulto responsable. Por lo tanto, este debe gestionar sus propias emociones. Es una de nuestras asignaturas pendientes como padres. Yo trabajo en ella cada día, intento estar bien en el terreno personal para poder contener mi propia frustración y no volcarla sobre mis hijos. De ahí la importancia de cuidar también de uno mismo en esta etapa.

- El bebé necesita sentirse seguro y protegido. Para eso requiere un entorno estable, con rutinas bastante predecibles, rodeado de unas figuras de apego que le presten atención. Se ha de evitar que sienta miedo a quedarse solo, a no tener el sustento que tanto necesita para sobrevivir. El miedo a estas edades es difícilmente gestionable, pues el niño cuenta con un cerebro demasiado inmaduro para procesarlo. Por eso es tan importante dar seguridad.

Si quisiéramos resumir todo lo apuntado en una frase, podría ser esta: tenemos que atender a nuestro bebé dando respuesta tanto a sus necesidades físicas como a sus necesidades emocionales. Debemos aportarle la seguridad, protección y calor que tanto necesita y que ya tenía cuando estaba en el vientre de su madre.

Hay que seguir por esta senda según crece, con paciencia y perseverancia cuando nos impongamos. Se debe entender que el papel del padre es el de educar y guiar, dando importancia no solo a cómo se porta nuestro hijo, sino también a cómo se siente. Los aprendizajes requieren tiempo. Y no olvides cuidar también de ti para no llegar a casa hecho un manojo de nervios; ten presente que, cuando aca-

Tenemos que atender a nuestro bebé dando respuesta tanto a sus necesidades físicas como a sus necesidades emocionales.

bas tu jornada laboral, empieza la otra, la de verdad: la jornada de ser padres.

Recomendaciones básicas

➤ Educar en positivo implica crear un clima de bienestar en el que nuestro hijo se sienta querido y valorado.

➤ Debemos marcar los límites necesarios para que sepa hacia dónde debe ir.

➤ Respeta su tiempo de aprendizaje y no atribuyas siempre sus errores a mal comportamiento.

➤ En tu relación con tu hijo, tu eres el adulto siempre, por lo tanto, debes autocontrolarte para no explotar ante las conductas inapropiadas de tu hijo.

➤ Recuerda que los niños no obedecen nunca a la primera, ten paciencia.

➤ Fomenta un apego seguro respondiendo a las necesidades de tu hijo, mostrándole afecto y haciendo que se sienta seguro y protegido.

11

LOS MIEDOS Y LOS CELOS ¿CÓMO ABORDARLOS?

Perdóname, hijo, por no ser lo que necesitabas.
Muchas veces.

Anónimo

LOS MIEDOS

Siento deciros, si no lo sabéis, que nacemos con miedos y moriremos con ellos. Así que uno de nuestros objetivos, si no queremos que nos paralicen, es aprender a gestionarlos bien.

El miedo es una emoción primaria muy importante. Su función es protegernos para preservar la especie. Probablemente sin esta emoción ya nos habríamos extinguido (¡imaginad un *Homo sapiens* sin miedo a los leones!).

El problema surge cuando hacemos una mala gestión de esta emoción, no la emoción en sí. Tened presente que siempre va a estar con nosotros, así que no tiene sentido alguno negarla.

Como padres, seguro que hemos dicho infinidad de veces la frase «No tengas miedo». En realidad, la petición es bastante absurda, pues nadie puede dejar de sentir miedo. Lo que realmente ayuda no es tratar de negarlo, sino aprender a gestionarlo. Los miedos son normales, así que solo deberemos alarmarnos si nuestro hijo los padece muy a menudo, sufre un miedo que no le correspon-

> **Mi consejo es que hay que despedirse sin mostrar nuestra propia ansiedad por separarnos de él, de manera natural y rápida.**

de por edad o si es excesivo y le impide llevar su vida con normalidad, como podría ser no poder dormir por las noches por el miedo a la oscuridad o mostrar una resistencia anormal a separarse de un progenitor por miedo a que se muera. Veamos cuáles son los miedos habituales y cómo podemos ayudar a nuestro hijo.

Hacia los 9 meses aflora en el niño el miedo a los desconocidos. Hasta ese momento el bebé se va a los brazos de cualquiera, pese a que reconoce perfectamente a las figuras que le proporcionan seguridad: padres, familiares y cuidadores. Pero un día, sin previo aviso, llora si alguien desconocido lo sostiene.

Después surge el miedo a la separación. No quiere que mamá ni papá se vayan. Suele aparecer hacia los 12-18 meses. Un ejemplo que todo el mundo conoce es la rabieta cuando se le deja en la guardería.

Mi consejo es que hay que despedirse sin mostrar nuestra propia ansiedad por separarnos de él, de manera natural y rápida, asegurándole que más tarde volveremos. Al principio el niño no lo entiende, pero al tiempo acaba viendo que siempre vuelves a recogerlo. De esta manera, tras un periodo de adaptación, este miedo va desapareciendo.

A partir de los 2 años aparecerán los miedos al lobo, a la oscuridad, a los monstruos. Son miedos irreales y llenos de fantasía.

Y, finalmente, a partir de los 7 años, los miedos son más verosímiles: a que entre un ladrón, a un incendio, a la muerte, aunque suele persistir el miedo a la oscuridad y a quedarse solos.

Tened en cuenta que de adultos nadie se libra de ellos: miedo al fracaso, al abandono, a la soledad no deseada... Seguro que os suenan.

¿Qué podemos hacer para ayudar a nuestro hijo con los miedos?

- **Identifica el miedo y ponle nombre.** Pregúntale a tu hijo a qué le tiene miedo y explícale que es algo normal que todos tenemos. Escúchalo sin juzgarlo. Permítele que te lo explique con detalle. Y hazle saber que la persona valiente no es aquella que no tiene miedos, sino quien, aun teniéndolos, se enfrenta a ellos.
- **No le des explicaciones que no pueda entender.** Si el miedo es irracional, no le des explicaciones racionales. Por ejemplo, si tiene miedo al lobo, no le digas que los lobos no entran en las ciudades, y menos a un tercer piso sin ascensor. Aunque lo entienda, seguirá sintiendo miedo. Porque en su imaginación los monstruos existen y viven debajo de su cama y los lobos entran por las ventanas. Ayúdale con un cuento que hable de ese miedo o explícale cómo venciste tú alguno de tus miedos. Esto es mucho más eficaz. Incluyo cuentos en la bibliografía que podréis utilizar con este fin.
- **Buscad juntos soluciones.** Pregúntale qué crees que podéis hacer para vencer al lobo o al monstruo. Quizá encuentre su propia solución mágica. O cuéntale una historia cuyo protagonista tiene su mismo miedo y lo vence con algún objeto mágico. La imaginación es tu mejor aliada.
- **Acompáñalo.** Cuando los miedos son más racionales, nuestra presencia puede calmar el miedo. No hagas que se enfrente solo, ya que no hará que lo supere antes, simplemente lograrás que no te lo cuente. Si tiene miedo a la oscuridad, compra una pequeña luz para la habitación; si es a quedarse solo, acompáñalo un rato. Debe sentirse acompañado y jamás ridiculizado.
- **Háblale de tus propios miedos.** Debe comprender que el miedo es una emoción normal, que nosotros también lo sentimos y cómo nos enfrentamos a él. Normaliza las emociones y procura que vea que en casa se puede hablar de todo, incluso de lo malo.
- **No le mientas.** Con el miedo a la muerte hay mucha tendencia a mentir. Hay quienes no le dicen al niño que un familiar ha muerto, no usan la palabra *muerte* o afirman que papá y mamá no morirán nunca. La muerte existe y forma parte de la vida.

Pero en nuestra cultura hay una tendencia a ocultarla, lo que hace que sea el miedo que peor gestionamos. Antes de los 7 años los niños no viven la muerte como algo irreversible. En su imaginación creen que la persona puede volver y les cuesta asumir este concepto. Por tanto, tendremos que decirles la verdad, que no va a volver. Da igual que sientan tristeza, de hecho, es normal sentirse triste cuando alguien muere. Si tu hijo tiene miedo de que alguien que está vivo muera, le podemos decir que todos morimos en algún momento, pero que no vivimos pensando en eso. Ahora estamos bien y vivos, y eso es lo que cuenta. Si le decimos esto, no faltamos a la verdad.

LOS CELOS

Los celos es otra de las emociones protagonistas en la primera infancia. No hace falta sentirse como el príncipe destronado para que les invadan, ya que nuestro hijo puede sentir celos de un primo, de los padres o de un amigo.

Los celos son una emoción que todos sentimos alguna vez en la vida y que responde a la sensación de poder perder una relación que consideramos muy valiosa. Es decir, perder la atención y el amor de una persona importante para mí. Los celos se acentúan con la inseguridad y la inmadurez, por eso son tan frecuentes en la infancia.

La forma en que un niño expresa los celos puede ser muy variada. A veces se muestran más agresivos, otras veces presentan síntomas psicosomáticos como dolores de cabeza o de barriga, u otras conductas regresivas, es decir, comportarse como si fueran más pequeños (por ejemplo, volviéndose a hacer pipí en la cama cuando ya no se lo hacía).

Los celos deben manejarse como cualquier otra emoción. Hay que identificarla, ponerle nombre y nunca negarla. No está mal sentir una emoción, no está mal sentir celos. Si le decimos a nuestro hijo que no debería estar celoso, le estamos pidiendo un imposible, porque no podemos controlar nuestras emociones. Las sentimos de manera automática.

Las emociones no podemos negarlas, tenemos que aceptarlas y entenderlas. Nos dan una información muy valiosa sobre cómo nos sentimos. Por lo tanto, si nuestro hijo siente celos, debemos verlos como una fuente importante de información que nos dice cómo se está sintiendo y así poder actuar en consecuencia.

Las emociones no podemos negarlas, tenemos que aceptarlas y entenderlas.

Qué debemos evitar cuando aparecen los celos

- **Las comparaciones.** Nuestro cerebro tiene una tendencia natural a compararse. Nosotros mismos nos pasamos la vida comparándonos. Y es uno de los peores autoengaños, porque siempre solemos compararnos con alguien que percibimos con mayor nivel (más guapo, más simpático...). No deberíamos comparar a nuestro hijo con nadie, ni con su hermano, ni con su amigo ni con nadie. Somos únicos y distintos. La comparación siempre acaba haciéndonos daño, ya que comparamos mi parte negativa con la parte positiva del otro, pero sin tener en cuenta que el otro también tiene otras partes negativas. Sé que la comparación ha formado parte de nuestra vida, de nuestra educación y de nuestra infancia, pero ha llegado el momento de erradicarla.
- **La falsa igualdad.** No somos iguales, somos diferentes y somos únicos. Los niños que crecen en un ambiente de forzada igualdad son más celosos. Si tenemos más de un hijo, veremos como cada uno tiene sus propias necesidades y peculiaridades. Intentar tratarlos exactamente igual es un error. Lo único que debe ser igual en el trato es el amor, el respeto y el cariño. Pero no debemos hacer las mismas cosas con todos.
- **Ocultar el amor hacia el otro** (el que despierta celos) es un error que solo aumentará la ansiedad y la inseguridad del niño. Si nuestro hijo siente que no queremos a su hermano, pensará que un día también podemos dejar de quererle a él. Debemos mostrar el amor hacia todos. Esto lo podemos aplicar con amigos u otros familiares.
- **Evitar decirle que no debe estar celoso.** Los celos no se pueden controlar. Debemos normalizar lo que siente.

Qué podemos hacer para acompañar los celos

- **Valorar la individualidad y la diferencia** como algo positivo.
- **Pasar tiempo a solas con nuestros hijos.** Hay que dedicar días exclusivos para cada uno de ellos, por separado. Podemos organizar una excursión si a tu hija le gusta dar paseos, o una tarde de biblioteca si a tu hijo le encanta leer. Dividir la familia a ratos también la enriquece. Si solo tenemos un hijo podemos hacerlo igualmente, tiempo a solas de cada progenitor con el niño.
- **No evitar los conflictos cuando aparezcan.** Los conflictos hay que verlos como una oportunidad para trabajar los celos o cualquier otra emoción que aparezca.
- **Hablar abiertamente de los celos.** Nunca hay que negar los celos, ni demonizarlos. Podemos usar los cuentos para trabajarlos y explicarles que todos hemos sentido celos alguna vez.
- **Ponderar.** Si los celos son entre hermanos podemos resaltar lo importante de ser el mayor o de ser el pequeño. Valorando las diferencias y el rol que cada uno de ellos ocupa.
- **Implicar.** Cuando acaba de nacer un bebé, debemos dejar que su hermano lo coja, que se acerque, que participe en algunas cosas como peinarlo o bañarlo. ¡Pero sin dejar que se responsabilice en exceso! Sobre todo, hay que dedicarle más tiempo en exclusiva para que no note tanto la diferencia.
- **Debemos ayudar a nuestro hijo a identificar cuando está sintiendo celos.** Muchas veces no sabrá que ese malestar que siente son celos. Si le ayudamos a ponerle nombre, le será más fácil gestionarlo.
- **Empatizar.** Por último, piensa en lo que tú necesitas cuando sientes celos. Normalmente necesitamos seguridad, estar seguros de que esa persona sigue sintiendo amor por nosotros y que nuestra relación no peligra. Pues eso es lo que necesita nuestro hijo, que le demos seguridad, que le digamos lo mucho que lo queremos y lo importante que es para nosotros. A veces un buen abrazo es el mejor remedio.

Recomendaciones básicas

➤ Los miedos y los celos son dos emociones muy frecuentes en la infancia y que provocan malestar en el niño.

➤ Debemos ayudarles a identificar la emoción, entenderla, ponerle nombre y dejarla ir.

➤ Hay que acompañarles en el proceso, no decirles que no está bien que sientan miedo o celos. Recuerda que no podemos controlar lo que sentimos.

➤ Los cuentos son una gran herramienta para trabajar las emociones.

➤ Hablar de nuestras propias emociones con ellos les ayuda a sentirse mejor y a entenderlas como algo natural.

➤ Evita decirle que no debe sentir miedo, recuerda que valiente no es el que no siente miedo, es el que aun sintiéndolo se enfrenta a él.

➤ Tampoco le digas que no debería estar celoso. Recuerda que no necesitamos un motivo real para sentir una emoción. Nuestra interpretación de la realidad es la que provocará nuestra emoción.

12

LAS TRES A:
AFECTO, AUTONOMÍA Y AUTORIDAD

No me cabe concebir ninguna necesidad tan importante durante la infancia de una persona que la de sentirse protegido por un padre.

SIGMUND FREUD

Como ya he mencionado líneas atrás, nuestro hijo pasará de necesitar apego a demandar autonomía. Este proceso va adquiriendo fuerza con la edad, por tanto, debemos tener la capacidad de adaptarnos a las circunstancias. A partir de los 2 años, la autonomía hace acto de presencia. El niño aún necesita la sensación de seguridad y cercanía hacia sus padres, pero las demandas de autonomía son más frecuentes.

También se hace más necesaria la necesidad de autoridad por nuestra parte. Debemos empezar a poner límites cada vez con más frecuencia. Y, paralelamente, tenemos que aumentar gradualmente las responsabilidades que debe asumir nuestro hijo. No es lo mismo lo que le puedo exigir a los 2 años que a los 6.

Aunque se hace mayor, no podemos olvidar en ningún momento la importancia del afecto. De bebé es mucho más fácil que reciba constantes muestras de cariño, lo que no podemos descuidar durante el resto de su vida. El afecto de un padre y una madre es la base de las relaciones que va a tener nuestro hijo con el mundo. Es en el seno familiar donde aprendemos a relacionarnos con los demás, sobre todo de cara a nuestras futuras relaciones de pareja.

AFECTO

Ante la palabra *afecto* probablemente a muchos se les viene a la cabeza una muestra de afecto: un abrazo, un beso... Las muestras de afecto son el alimento del alma (recordad el experimento realizado con los monos).

Pero el concepto va más allá. Afecto también implica mostrar respeto, acompañamiento en el proceso de aprendizaje, tener en cuenta los esfuerzos, no solo los resultados, y, en calidad de padre, cómo reacciono ante ellos (con paciencia o requerimientos).

A partir de los 3 años, a raíz de la escolarización, surgen nuevos retos en la vida de nuestro hijo. Más responsabilidad, más aprendizaje, más exigencia en lo que hacen. Crece rápido y necesita ayuda.

Respetar significa no mentirle para evitar hacerle daño, no decirle que es demasiado pequeño para entender algo (mejor adaptar la explicación), escuchar sus opiniones y dejarlo elegir. Y sí, también en la toma de decisiones. Adaptadas a su edad, por supuesto. Si le doy su espacio de autonomía, no va a necesitar pedirlo a gritos, mediante rabietas. Por ejemplo, puede elegir qué ponerse, pero no abriendo el armario y con toda la ropa delante, sino dándole dos o tres opciones adecuadas al tiempo que haga en la calle. También puede decidir la cena de un día de la semana o dónde ir el día de su cumpleaños. Todo esto está muy ligado a la autonomía.

Generar un ambiente afectivo en casa requiere tratar con paciencia su ritmo de aprendizaje y no exigirle más de lo que puede a su edad (por ejemplo, creyendo que tiene que obedecer a la primera). Debemos hablarle bien, sin faltarle al respeto, con cariño. El poder de la palabra es inmenso.

El autor japonés Masaru Emoto hizo una serie de experimentos con el agua. Expuso recipientes con agua a diferentes sonidos, música y palabras, y estudió la apariencia de los cristales que formaba el contenido dependiendo del estímulo al que se había expuesto. Encontró que los recipientes expuestos a música estridente o a palabras negativas mostraban formas estéticamente más desagradables y asimétricas. Pues bien, si estamos formados por un 90 % de agua, ¿cómo pueden llegar a influir en nosotros las palabras?

En este sentido, veo cada día el poder que la palabra tiene en los seres humanos, cómo nos afecta lo que nuestros padres dicen de nosotros y cómo lo que nos decimos a nosotros mismos. El experimento confirma el poder que tiene la palabra. Si le dices a tu hijo «No puedes», ten por seguro que no podrá.

Así que es esencial en cualquier hogar hablar bien, con cariño, con respeto y con calma.

La paciencia también es esencial. El niño está en un constante aprendizaje, en la escuela, en casa, con los compañeros... Aprender requiere de mucho esfuerzo. Por tanto, debemos ser pacientes, no exigirle cosas que ni nosotros somos capaces de hacer, como que no se enfade o vaya a ducharse con solo pedírselo una vez o que se lave los dientes sin que se lo recordemos. Eso es sencillamente imposible.

Si somos muy exigentes con nuestro hijo, vamos a generar la sensación de que nunca es lo bastante bueno, de que, por mucho que se esfuerce, no consigue lo que queremos. No podemos esperar de él más de lo que es capaz de dar. Debemos conocer bien a nuestro hijo, sus fortalezas y sus debilidades. Yo suelo decir que, si tengo un hijo con mucho miedo a tirarse por un tobogán, tendré que instarlo a que lo haga; pero que, si quiere tirarse de cabeza nada más verlo, tendré que frenarlo. Debo conocer qué puede y qué no puede hacer, hasta dónde puede llegar hoy y no exigirle más.

Mostrar afecto también consiste en esto, en relacionarnos con más cariño y amor, con paciencia, respetando sus tiempos, sin exigencias que superen sus capacidades, sin discutir todo el tiempo.

AUTONOMÍA

El camino hacia la independencia empieza pronto. Debemos educar a nuestro hijo para que acabe haciéndolo todo por sí mismo, desde lavarse los dientes hasta gestionar sus emociones y sus relaciones.

Debemos respetar lo que implica adquirir determinados aprendizajes. A veces pensamos que son adultos, por ejemplo, con la noción del tiempo. ¿Realmente creéis que un niño de 5 años sabe lo que dura un minuto o qué significa que son las ocho y media y que el cole empieza en media hora?

La noción del tiempo es algo que se adquiere bastante más adelante. Por lo tanto, vamos a tener que gestionarlo por ellos. No pretendas que por la mañana llegue a tiempo al colegio sin tu ayuda constante.

Si entendemos esto, dejaremos de llenar las mañanas de gritos y de crear mal ambiente. No pretendas que lo hagan todo solos y a tiempo porque sencillamente no va a pasar. Si hasta a ti te pasa que a veces se te va el santo al cielo y se te echa la hora encima, ¿cómo vas a pretender que tu hijo sea más maduro que tú? Marca cada momento de la mañana, ten siempre presente la hora. Tú eres el responsable de llegar a tiempo al colegio porque tú eres el adulto que debe gestionarlo. Si somos conscientes de todo esto, no le exigiremos más de lo que puede dar y podremos acompañarlo en sus aprendizajes.

Debemos fomentar que haga todo aquello que puede hacer por sí solo, como vestirse, aunque le ayudes, o ponerse la leche en el vaso o poner la mesa. Se trata de que asuma pequeñas responsabilidades que puede hacer fácilmente y que le genera una sensación de logro. Cada día, pero sin exigirle que lo haga bien. Porque nuestro hijo no es un robot. Habrá mañanas en las que no habrá manera de que se vista solo, lo que de ninguna manera es el fin del mundo. La idea es fomentar su autonomía, no exigirla ni esperar la perfección.

Un aspecto muy importante que se debe trabajar en el camino de nuestro hijo hacia su autonomía es la asunción de errores. Todos los cometemos, de hecho, constituyen la base del aprendizaje. Como apunta un aforismo al respecto: «Si pudiera borrar todos los errores de mi pasado, estaría borrando la sabiduría de mi presente». Así que vamos a hacerle entender en el día a día que cometer errores lo convierte en humano, no en alguien inútil, que nosotros también los cometemos y que no pasa nada por ello.

AUTORIDAD

En lo que respecta a la autoridad, encontrar el equilibrio es la clave. Todos sabemos que obedecer bajo la amenaza del miedo no funciona. La historia está llena de gente que ha ejercido el poder mediante la violencia y el miedo y la lección es que suele acabar mal. Al principio los sometidos obedecen, pero la rebelión está asegurada.

Nuestro hijo necesita una forma de autoridad que le marque los límites, que le sirva de guía. Sin autoridad es como un velero a la deriva; necesita un rumbo que seguir. Pero siempre ha de ir acompañada de respeto y del tiempo necesario para que aprenda.

La autoridad ejercida mediante el miedo, los gritos y castigos puede funcionar al principio, pero, antes o después, está predestinada al fracaso. En cambio, la autoridad basada en la paciencia y perseverancia tiene más probabilidades de futuro. Como padre, marco los límites y dejo tiempo y espacio para que mi hijo aprenda y cometa errores, pero sin dejar de señalar los límites ni el rumbo que debe seguir. Dile a tu hijo cómo se hacen las cosas y transmítele que sabes que necesitará tiempo para conseguirlo, que cada día le recordarás cómo se hace, con paciencia y perseverancia.

Nuestros hijos no hacen las cosas mal para fastidiar, las hacen mal porque están aprendiendo.

Recomendaciones básicas

➤ Debemos mostrarnos afectuosos con nuestro hijo, debemos transmitirle lo importante que es para nosotros.

➤ El afecto también se muestra con respeto. Hablando bien a nuestro hijo, sin gritos ni insultos.

➤ Fomenta la autonomía en tu hijo, dándole ciertas responsabilidades que pueda ir asumiendo.

➤ La autoridad debe estar basada en la paciencia, la perseverancia y el respeto, no en el miedo.

13

¿CÓMO HABLAR DE SEXO CON NUESTRO HIJO?

El amor de una madre es como la paz.
No necesita ser adquirido, no necesita ser merecido.

ERICH FROMM

No cabe duda de que tenemos que hablar de sexo con nuestro hijo. Pero para poder hacerlo debemos controlar una serie de nociones básicas. Identidad sexual, orientación sexual y sexoafectividad son algunas de ellas. Pasemos a ver cada una de estas tres con cierto detalle.

IDENTIDAD SEXUAL

Es la identificación con un género, es decir, sentirse niña o sentirse niño. Se adquiere hacia los 3 años y se consolida sobre los 6 o 7. Por otro lado están los roles que la sociedad, la cultura y la educación que recibimos asignan a cada género y que se adquiere a partir de los 5 años. No se debe confundir identidad sexual con orientación sexual, que se verá más adelante.

En función de mi identidad sexual me siento niño o niña, y puede no concordar con el género biológico. Lo más habitual es que coincida, pero en ocasiones puede ser que nuestro hijo haya nacido con los rasgos sexuales masculinos y se sienta una niña. Esto no tiene nada

No cabe duda de que tenemos que hablar de sexo con nuestro hijo.

que ver con el hecho de que le guste aquello que social o culturalmente se considera de uno u otro sexo, como que un niño juegue con muñecas o una niña prefiera juegos de guerra o el fútbol. Al final son reflejos de los constructos mentales que la sociedad elabora acerca de lo que se espera de un niño y de una niña. Que ocurra esto no significa que nuestro hijo se identifique con el sexo opuesto, sino simplemente que sus gustos no se adecuan a lo socialmente establecido. Por suerte cada vez dejamos más libertad para que nuestros hijos decidan a qué quieren jugar, independientemente de su sexo biológico. La identidad sexual no tiene nada que ver con esto. Porque una cosa es lo que culturalmente hemos asociado a los géneros y otra muy diferente es la identidad: quién soy yo y qué me define, con qué me identifico.

Se habla de un niño transgénero cuando aparece un patrón estable en el tiempo según el cual el menor se identifica con el sexo opuesto al suyo biológico: rechaza sus genitales y se define como persona del género contrario. Es probable que incluso pida que se le llame con un nombre del otro género, que prefiera la ropa del género contrario y que se relacione más con niños del género con el que se identifica. Todo es cuestión de identificación, por lo que lo tiene que verbalizar afirmando cómo se siente. Insisto en que debe ser un patrón que debe mantenerse en el tiempo. Puede aparecer sobre los 3 años y consolidarse hacia los 6. No se trata en ningún caso de un trastorno ni se debe tratar de cambiar. Mi recomendación es contactar con los profesionales adecuados, aceptar el nombre que haya elegido y cómo quiere vestirse, así como informar al colegio y al entorno. Ante todo, hay que respetar a nuestro hijo: si se siente niña, debe ser tratada como una niña; si se siente niño, debe ser tratado como un niño.

ORIENTACIÓN SEXUAL

Alude hacia qué sexo se dirige el deseo sexual, hacia el propio, el sexo contrario o hacia ambos. No tiene nada que ver con la identidad sexual, es decir, se puede haber nacido biológicamente con cuerpo de niña, pero tener identidad sexual de niño y sentir atracción sexual por el mismo sexo (homosexualidad). Son conceptos que a menudo se confunden y no se entienden. La orientación sexual se define a partir de los 9 años.

> **La masturbación aparece a partir de los 18 meses de edad.**

SEXOAFECTIVIDAD

Me gustaría introducir este concepto porque todos somos seres sexuales desde que nacemos. Todos tenemos genitales desde el nacimiento y, por tanto, el sexo debería dejar de ser un tema tabú. Los bebés más pequeños se pueden tocar los genitales e incluso sentir placer. El concepto de sexoafectividad engloba mucho más que el mero coito, es también las caricias, los besos y el vínculo que surge entre personas que se gustan...

La masturbación aparece a partir de los 18 meses de edad. Los niños se masturban para sentir placer o relajarse o simplemente para explorarse. No debemos castigar estos actos porque la asociarían a algo malo. Simplemente hemos de reconducir la conducta para evitar que se realice en un sitio público. La masturbación forma parte de una sexualidad sana, pues gracias a ella se aprende la autoestimulación y se conoce el placer y el cuerpo.

Aunque haya quien no lo sepa, existen los derechos sexuales:

- Derecho a la libertad sexual y expresión sexual emocional.
- Derecho a la privacidad e intimidad, así como a la plena autonomía sobre el propio cuerpo.
- Derecho a recibir información y ayuda en el campo de la sexualidad.
- Derecho a relacionarse con iguales, a tener equidad sexual y a las manifestaciones sexuales adecuadas a la edad.
- Derecho a explorar el propio cuerpo y descubrir las posibilidades del placer sexual.
- Derecho a la protección ante cualquier abuso de tipo sexual, acoso o violación.

- Derecho a formar pareja.
- Derecho a escoger el estado civil que se desee.
- Derecho a tener o no descendencia.

Estos derechos sexuales son parte de los derechos humanos de las personas.

¿CÓMO HABLAR DE SEXO CON NUESTRO HIJO?

Hay que tener presente dos aspectos: se ha de decir siempre la verdad y adecuar las explicaciones a la edad del niño. No tiene sentido contarle la historia de la cigüeña, como tampoco vamos a hablarle de espermatozoides y óvulos a un niño de 4 años. La idea es, sin mentir, decirle la verdad adaptada a su mente; en caso contrario, no entendería lo que le decimos. Incluyo también al final de este libro un listado de cuentos por edades que podéis usar para hablar de sexualidad con vuestro hijo.

¿CUÁNDO HABLAR DE SEXO CON NUESTRO HIJO?

La respuesta es sencilla: cada vez que nos pregunte. Todas las preguntas deben responderse. Ahora bien, hay niños que nunca preguntan. ¿Qué hacemos en este caso? Pues hablar también de sexo. A partir de los 3 años es adecuado empezar a introducir conceptos, como el embarazo, la concepción, etc. Por eso es recomendable que en casa haya cuentos sobre esta temática. A los 9 años nuestro hijo ya debería tener los conceptos básicos sobre sexualidad muy claros.

La idea es, sin mentir, decirle la verdad adaptada a su mente.

Y, por supuesto, no es buena idea esperar a la adolescencia para tratar el tema del sexo.

¿CÓMO EVITAR LOS ABUSOS SEXUALES?

Esta lacra es mucho más frecuente de lo que imaginamos. A menudo sucede en el entorno más cercano de nuestro hijo (familiares, educadores, entrenadores, etc.). Por eso debemos hacer todo lo posible a través de la educación que le damos para que nos lo cuente en caso de que le suceda.

Si ahora hablo de sexo en casa, el día de mañana mi hijo sabrá que en el hogar tendrá un espacio para poder hablar.

Si un niño no tiene bien claro qué se considera adecuado y qué no en sus relaciones con los adultos, difícilmente podrá verbalizar un abuso.

Consejos básicos para prevenir el abuso sexual

- En primer lugar, procura que tu hijo conozca y sepa nombrar las partes de su cuerpo.
- Debe entender qué partes se consideran íntimas. Es decir, debe tener claro que esas partes solo debe enseñárselas a papá y mamá, no a otros adultos, y que nadie, salvo sus padres a la hora del baño, puede tocárselas.
- Tiene que saber que no pasa nada por decirle no a un adulto. ¿Cuántas veces obligamos a nuestro hijo a que le dé un beso al abuelo? El niño tiene derecho, como un adulto, a decir que no, en especial en el contexto de las muestras afectivas. La próxima vez que tu hijo no quiera darle un beso a un familiar, respeta su decisión porque así le muestras que puede negarse.
- Tu hijo tiene que tener claro que tampoco debe tocarle a nadie sus partes íntimas. Muchas veces el abusador empieza pidiéndole al niño que le toque.
- Dile que no está bien que alguien le pida que guarde un secreto sobre su cuerpo. El abusador recurre con frecuencia al secreto para manipular a su víctima.

He dedicado un capítulo completo a la sexualidad porque considero que es el aspecto más descuidado en las familias, dado que a muchos les sigue pareciendo un tema tabú, algo de lo que no debe hablarse. Si ahora hablo de sexo en casa, el día de mañana mi hijo sabrá que en el hogar tendrá un espacio para poder hablar de cualquier problema que pueda tener al respecto.

Recomendaciones básicas

➤ No esperes a la adolescencia para hablar de sexo con tu hijo, porque irás tarde.

➤ Dile siempre la verdad. No le cuentes que le trajo la cigüeña.

➤ Adapta la explicación a su edad y ayúdate de los cuentos sobre sexualidad que dejo en la bibliografía.

➤ Todas las preguntas que tengan, debemos contestarlas.

➤ Hablar de sexo en casa debe dejar de ser tabú.

➤ Podemos prevenir el abuso sexual dejándole claro a nuestro hijo que su cuerpo es suyo y que nadie debe tocar sus genitales.

14

5 RAZONES PARA DEJAR DE GRITARLE A NUESTRO HIJO

Todavía recuerdo cuando cogí tu mano por primera vez.
Era tan pequeñita que supe que iríamos de la mano el resto de mi vida.

MIREIA NAVARRO

La mayoría de los padres nos sentimos mal cuando le gritamos a nuestro hijo. De alguna manera intuimos que no es la manera más adecuada de educar.

Al fin y al cabo, el grito es una respuesta agresiva que genera malestar tanto en quien grita como en quien lo recibe. Al gritar sabemos que hemos perdido el control y que hacerlo responde a una falta de autocontrol ante una situación estresante.

A veces parece que nuestro hijo no obedece hasta que, hartos de repetir la misma orden, se la gritamos. Es verdad que el grito llama su atención en un primer momento, pero a la larga deja de tener efecto. Entonces, ¿qué hacemos? ¿Gritar más alto, durante más tiempo, comunicarnos a gritos?

Es probable que el grito sea habitual en vuestra casa, que sintáis que debéis recurrir a él para que se os haga caso. Pero es importante entender la importancia de dejar atrás esta práctica.

GRITAR NOS HACE SORDOS

Si queremos que nuestro hijo nos escuche y aprenda, no se conseguirá mediante el grito. Cuando le gritamos a alguien, automáticamente esa persona no escucha ni entiende, ni mucho menos aprende. Después de una interacción negativa, nadie escucha con verdadera atención y con ganas de aprender y mejorar. En cambio, esto sí se consigue con interacciones positivas.

El grito es una respuesta agresiva que genera malestar tanto en quien grita como en quien lo recibe.

El grito es una respuesta de agresividad, no de asertividad, que provoca en el que escucha una respuesta similar. Tal vez ahora no nos conteste ni nos grite, pero es cuestión de tiempo que la persona a la que se ha gritado también recurra a los gritos en respuesta, sobre todo en la adolescencia.

GRITAR ES EL RESULTADO DE UNA MALA GESTIÓN DE LAS EMOCIONES

Recordad que somos el modelo de conducta para nuestro hijo. Cuando gritamos, estamos perdiendo el control. Gestionamos con una respuesta agresiva la ira y la rabia que sentimos. Entonces damos vía libre a que surja en él este tipo de respuesta cuando sienta esta emoción. Si oyes gritos, aprendes a gritar.

Un adulto que grita es un adulto que ha perdido el control. Personalmente, me siento así si alguna vez lo hago; tengo la sensación de que pierdo el control, de que no me puedo dominar. De hecho, gestionar la ira es muy difícil y probablemente nadie nos ha enseñado a hacerlo, y por eso recurrimos a los gritos con tanta frecuencia. Nos falta autodominio, que debemos aprender para ayudar a nuestro hijo a que él también lo desarrolle.

GRITAR ASUSTA A NUESTRO HIJO

Las primeras veces que le gritamos siente miedo. Fijaos en su cara. Muchos niños lloran desconsoladamente cuando nos oyen gritarles. Y, con el tiempo, acaban sintiendo impotencia y rabia.

¿Es miedo realmente lo que quiero que sienta mi hijo cuando le grito? Estoy segura de que no. Queremos que aprenda, que obedezca, que haga lo correcto, que nos respete. ¿Cómo nos va a respetar si le faltamos al respeto gritándole?

El respeto se gana con respeto, la obediencia, con paciencia, y los aprendizajes, con tiempo.

EL GRITO NOS ALEJA DE ÉL

Gritar a menudo genera malestar en casa. Se respira un ambiente enrarecido que deja muy mal sabor de boca. Se pierde el respeto, se le da la espalda a una forma positiva de autoridad y a la comunicación adecuada, mientras que gana la distancia emocional y el resentimiento. Lo mismo ocurre entre las parejas cuando se gritan.

Estoy segura de que una comunicación a gritos no es lo que queremos para nuestra familia. Pese a que muchas veces no somos conscientes de lo que los gritos generan, tampoco lo somos de hasta qué punto merman la relación y la autoridad con nuestro hijo.

A MÁS GRITOS, MENOS AUTOESTIMA

Educar a gritos tiene un efecto nefasto en la autoestima de nuestro hijo. Lejos de sentir que nos sentimos orgullosos de sus logros y sus esfuerzos, le genera la impresión de que nunca está a la altura, pues, haga lo que haga, siempre aparecen los gritos y estos anulan cualquier sentimiento de haber hecho algo bien. Un grito tiene tanta fuerza que puede dar al traste con los elogios que se le hayan podido hacer a lo largo del día. Nuestro hijo solo recordará el grito y lo que ha hecho mal.

Gritar a menudo genera malestar en casa.

Si uno de los dos pierde el control, el otro puede tomar las riendas.

En el décimo capítulo aludía a la importancia de educar en positivo para crear una atmósfera de bienestar en casa. Pues bien, el grito genera justo lo contrario, malestar en todos los miembros de la familia y la sensación en nuestro hijo de que no lo queremos, y que lo que hace nunca nos parece suficiente.

Sé que en determinadas ocasiones no es fácil evitar gritar, que perdemos el control y que no somos padres perfectos. Por todo ello, comparto con vosotros algunas técnicas que yo misma he usado.

Técnicas para gestionar los gritos

- Adquiere un compromiso contigo mismo de dejar de gritar. Puedes decirlo en casa para que el resto de la familia te ayude o incluso ser un compromiso compartido según el cual todos los miembros os comprometáis a hacerlo.
- Aprende a gestionar tus propias emociones. Es el trabajo pendiente de muchas personas.
- El autocuidado es esencial. Necesitamos estar bien para poder enfrentarnos a las situaciones familiares del día a día. Si me llevo el malestar del trabajo a casa, será difícil que pueda controlar la ira. Tenemos que dedicarnos tiempo a nosotros, para hacer deporte, pasear o cualquier otra cosa que nos haga estar bien y no llevarnos los problemas a casa.
- Recuerda que los niños se comportan como niños y que los adultos somos nosotros. No esperes que te obedezcan a la primera ni que sean los hijos perfectos, pues no lo son, como nosotros tampoco somos adultos perfectos.
- Cuando sientas ira y rabia, para. No te enfrentes a ninguna situación con esos sentimientos. Busca unos minutos para calmarte. Si actuamos con rabia, lo más probable es que gritemos o recurramos a castigos excesivos. Si puedes, aléjate de la situación, ve un momento al baño y respira, o pídele a tu pareja que ocupe tu lugar si sientes que no puedes. Si ambos estáis

presentes, podéis ayudaros. Si uno de los dos pierde el control, el otro puede tomar las riendas. De esta manera, quien está más nervioso puede irse y calmarse, mientras que el progenitor que está más tranquilo puede reconducir mucho mejor la situación.

- Y, si finalmente fallas y gritas, pide perdón. Así de sencillo. No nacemos enseñados y, como humanos, todos cometemos errores.

Piensa en qué quieres conseguir en tu casa, para tu familia, y cuál es la mejor manera de lograrlo. Así que, si quieres que tu hijo te obedezca, ten paciencia y repite las normas las veces que haga falta. Recuerda el consejo de ayudarle físicamente: tómalo de la mano y guíalo. Si quieres que tu hijo te respete, enséñale con el ejemplo. Quieres educar en condiciones a tu hijo, así que hazlo con las armas del reconocimiento y el afecto, no con gritos y castigos. Fíjate unos objetivos y los pasos necesarios para alcanzarlos. Recuerda que los aprendizajes requieren tiempo y paciencia, y que tu hijo no lo puede aprender todo a la primera (más bien ten presente que nunca aprenderá nada a la primera).

Así que, si quieres generar un buen clima en casa, no recurras a los gritos ni a los castigos, sino a la paciencia y la perseverancia.

Recomendaciones básicas

➤ El grito es una respuesta agresiva que genera malestar y que está demasiado presente en nuestros hogares.

➤ Debemos empezar a usar otras técnicas más adecuadas para que nuestro hijo nos obedezca y dejar de recurrir al grito.

➤ El grito genera un clima de malestar en casa que nos afecta a todos y genera miedo en nuestro hijo.

➤ Afecta a la autoestima cuando siente que nunca está a la altura.

➤ Gritar es el resultado de mi poco autocontrol y no una técnica adecuada para la educación de mi hijo.

❖ EPÍLOGO ❖

Este libro ha llegado a su fin. Espero de todo corazón que te ayude a llenar tu casa de sonrisas y a saber lidiar con las lágrimas. El hogar es una de las partes más importantes de la vida de cualquier persona. No es suficiente con decorarlo. También hay que llenarlo de amor y armonía.

Al igual que con la infancia, siempre da pena cuando algo, ya sea una etapa vital o un libro, acaba. El tiempo pasará volando y, cuando menos te lo esperes, tu pequeño ya irá al instituto. Para entonces iniciarás una nueva etapa, en la que yo también quiero estar presente. Te acompañaré hasta la adolescencia, si tú quieres. ¿O pensabas que esto se acaba aquí? ¡Ser padre no acaba nunca!

Nos vemos en el próximo libro.

❖ AGRADECIMIENTOS ❖

Este libro no habría sido posible sin mis hijos, de los que aprendo cada día algo nuevo.

Tampoco, sin todas las personas que han pasado por mi vida, tanto las que están como las que ya no.

Sin duda, no habría podido alumbrarlo sin mis padres, que me educaron, me quisieron y me abrieron todas las puertas para que yo pudiera franquearlas. A ellos, sin duda, les debo quien soy.

También quiero agradecer a todos los profesionales que han educado a mis hijos en los años de guardería y colegio, quienes tantas cosas me han enseñado.

Y a los padres que, en las charlas, comparten conmigo sus experiencias.

A todos los que han hecho posible que este sueño sea un hecho y que llenan mi vida cada día a la hora del café.

A los que tuvieron la paciencia de leer este libro por primera vez y darme los consejos que lo han hecho ser lo que es.

Y a todo esos libros que pueden cambiarte la vida.

A todos y cada uno de vosotros, y a los que seguramente me dejo, os doy las gracias.

❖ BIBLIOGRAFÍA ❖
RECOMENDADA

Andreae, G. 2001. *La mare té una casa dins la panxa*. Barcelona: Editorial Beascoa. De 0 a 3 años.

Boeck, J. y Felsmann, I. 1996. *La mare s'ha enamorat*. Barcelona: Herder. A partir de los 6 años.

Castel Branco, I. 2018. *Respira*. Sunbelt Publications. A partir de 3 años. Ayuda a los niños a superar ansiedades mediante respiración consciente y otras técnicas.

Cole, B. 1993. *La mamà va pondre un ou o com es fan els nens*. Barcelona: Destino. De 0 a 3 años.

Giommi, R. y Perrota, M. 1995. *Programa de educación sexual*. Madrid: Everest. De 3 a 6 años.

Giommi, R. y Perrota, M. 2004. *Programa de educación sexual*. Madrid: Everest. De 7 a 10 años.

Llenas, A. 2014. *El monstruo de colores*. Barcelona: Editorial Flamboyant. De 2 a 4 años. Cuento para trabajar las emociones.

Llenas, A. 2015. *Te quiero casi siempre*. Barcelona: Editorial Timun Mas Infantil. A partir de 7 años. Libro para aceptar las diferencias y valorarlas.

Llenas, A. 2017. *Topito Terremoto*. Barcelona: Editorial Beascoa. A partir de 3 años. Una historia sobre la hiperactividad y cómo canalizar esta maravillosa energía.

Llenas, A. 2018. *El monstruo de colores va al cole*. Barcelona: Editorial Flamboyant. La edad ideal es los 3 años justo antes de empezar la escolarización. Prepara al niño para su primer curso en el colegio.

Mayle, P. 1973. *¿De dónde venimos?* Madrid: Maeva Young. A partir de 6 años.

Morató García, A. 2018. *De mayor quiero ser feliz* (1 y 2). Barcelona: Editorial Beascoa. De 4 a 8 años. Para trabajar la positividad y la autoestima, entre otras cosas.

Moroney, T. 2008. *Cuando estoy celoso.* Barcelona: Ediciones SM. De 2 a 5 años.

Port, M. 2013. *El libro valiente.* Barcelona: Editorial Takatuka. De 3 a 6 años. Para trabajar los miedos.

Serrano, L. 2021. *Tu cuerpo es tuyo.* Madrid: Nubeocho ediciones. A partir de 3 años. Para prevenir el abuso.

Soro, E. y Soro, C. 2017. *Mis padres ya no viven juntos...ahora son amigos.* Barcelona: Ed. Salvatella. De 3 a 8 años. Para explicar la separación de los padres.

Starling, R. 2028. *Fergal echa humo.* Barcelona: Ed. Obelisco. A partir de 5 años. Para ayudar a gestionar la ira y el enfado.

Teckentrup, B. 2020. *El árbol de los recuerdos.* Madrid: Nubeocho ediciones. A partir de 3 años. Para procesos de duelo.

Tirado, M. 2023. *El hilo invisible.* Barcelona: B de Blok. De 3 a 6 años. Cuento para trabajar la ansiedad por separación.

Turner, T y Gilland, A. *Todos somos diferentes.* Madrid: Ed. Anaya infantil y juvenil. Las diferencias individuales. A partir de 7 años.

Varios autores. 2000. *Mi primera enciclopedia de educación sexual.* Barcelona: Nauta. A partir de 6 años. Consta de tres libros: *¿Cómo nacemos los niños y las niñas?, ¿Qué distingue a los niños de las niñas? y ¿Qué hace que nos amemos?*

Varios autores. 2000. *Mi primera biblioteca de iniciación sexual y afectiva.* Madrid: Libsa. A partir de 6 años. Consta de cuatro libros: *Esto es un lío!, ¿Por qué somos niños y niñas?, ¿Qué hacen papá y mamá? y ¿Y de dónde sale este bebé?*

OTROS LIBROS DE INTERÉS

Cuida tus hormonas

Edgar Barrionuevo y David Moreno
ISBN: 9788497359894
Págs: 224

¿Por qué nos sentimos hambrientos al caer la tarde, padecemos episodios de insomnio o algunos días nos cuesta mantener la concentración? La respuesta está en unas sustancias llamadas «hormonas», producidas por las glándulas endocrinas y tan influyentes en el organismo que determinan hasta el color de ojos que tendremos al nacer. El equilibrio entre estas sustancias, sin embargo, es muy delicado y cuando se rompe pueden aparecer devastadores problemas de salud. La buena noticia es que podemos restablecerlo con la dieta adecuada, suplementos naturales y algunos cambios en el estilo de vida.

El cerebro de Siddhartha

James Kingsland
ISBN: 9788497359368
Págs: 272

Descubre las asombrosas capacidades del cerebro humano y los secretos del bienestar mental gracias a la meditación y el mindfulness.
En un bosque exuberante a orillas del río Neranjara en el norte de la India (400 años antes del nacimiento de Cristo, cuando las grandes mentes de la Antigua Grecia estaban sentando las bases de la ciencia y filosofía occidental), un príncipe reconvertido en un vagabundo asceta estaba sentado debajo de una higuera. Se llamaba Siddhartha y estaba descubriendo las asombrosas capacidades del cerebro humano y los secretos del bienestar mental y de la iluminación espiritual.

www.amateditorial.com